劉君祖易經世界

身處變動的時代，易經教你掌握知機應變，隨時創新的能力。

易經繫辭傳

易經之歌

劉君祖——著

目錄

自序／十年乃字 11

繫辭上傳

第一章 汝聞天籟乎？——易簡以成 14
作樂崇德 14
人文化成 18
安身致用 23
第二章 可以無大過矣！——觀象玩辭 25
獨立不懼 25
三極之道 26
深造自得 30
第三章 恐懼修省——各指其所之 33
補過无咎 33

小大貴賤 35

第四章 至大無外——曲成萬物而不遺 37

鬼變機神 37

格物致知 42

天人性命 44

斯土斯民 49

功參造化 52

第五章 永續不息——生生之謂易 55

繼善成性 55

顯仁藏用 57

富有日新 59

生生不息 63

極數知來 66

第六章 無遠弗屆 71

致虛守靜 71

生生之門 73

第七章　究竟涅槃　77
天高地厚　77
功德圓滿　79
第八章　敬慎不敗　82
擬議成變　83
人道精神　85
出生入死　87
謹言慎行　89
第九章　神機妙算　92
天地大衍　92
爻變卦變　95
引申觸類　98
第十章　通志成務　101
心嚮往之　101
受命如嚮　103
參伍錯綜　105

感而遂通 106
第十一章 開物成務 110
知來藏往 111
神道設教 115
制器尚象 119
改一為元 121
天爵自貴 125
第十二章 明道若昧 128
盡善盡美 129
不言之教 132
必誠其意 135
道器一貫 138
繫辭下傳
第一章 其匪正有眚 142
因革損益 142
貞勝吉凶 144

建功立業 146
正位凝命 147
第二章 制器尚象 151
通德類情 152
身體空間 156
韜光養晦 158
歸根復命 160
網際人生 162
食貨政治 165
交通國防 167
安居樂業 169
信息永存 172
繼往開來 173
第三章 萬法皆象 178
第四章 統之有宗 180

第五章 遠離顛倒夢想 182
並行不悖 184
赦過宥罪 186
萬夫之望 188
正法修行 190
第六章 深切著明 193
大道之門 193
稱名察類 195
鑑往知來 196
相反相成 199
第七章 撥亂反正 202
生於憂患 202
進德修業 204
慎思明辨 206
下學上達 210

第八章 唯變所適 215
諸行無常 215
恐懼修省 217
存乎其人 219
第九章 同功而異位 221
原始要終 221
雜物撰德 223
柔危剛勝 225
佐君治民 227
第十章 大塊文章 230
第十一章 度一切苦厄 234
第十二章 險阻人生 237
悅心研候 237
參贊化育 240
順性純情 243

自序／十年乃字

這本《易經之歌——易經繫辭傳》終於在臺灣問世。從發心到初稿完成，迄今已十五年之久，中間翻修潤飾過好幾次，一直沒有急於安排在此間出版，並非刻意矯情，而是歲月忽忽，似乎每個階段總有當務之急，竭誠因應之後，一波未平恆是一波又起，就這樣推遲耽誤下來。這回藉著《天道驚險人驚艷——易經的第一堂課》單冊、《易經密碼——易經六十四卦的全方位導覽》八冊的出版，一併將此書推出，由入門到進階，讓誠心習易的朋友得覽「宗廟之美，百官之盛」，分享華夏最高典籍的精湛智慧。「大塊文化」出版公司願意襄此盛舉，我衷心感念讚佩。《莊子‧齊物論》稱天籟地籟：「大塊噫氣，其名為風。」李白慨歎：「陽春召我以煙景，大塊假我以文章。」好名目，善因緣啊！

俗云：「十年磨一劍。」淬煉砥礪，期非凡品。《易經》排序第三的屯卦，外坎險內震動，象徵草莽初創，動乎險中大亨貞。「六二」爻辭稱：「屯如邅如，乘馬班如，匪寇婚媾。女子貞不字，十年乃字。」美滿姻緣靜待十年才成熟，創生之難，於此可見。「女陰下有子」稱字，古代稱男子表字以示敬意，志業有成稱闖出字號、金字招牌，人生成就真正不易。本書研究成果，期望對中華易學有所貢獻。

〈繫辭傳〉為《易經》七類〈易傳〉之一，分上下傳各十二章，共四千多字，文辭優美，意境高深，自古即為研易者所尊崇。全傳闡揚《易經》基本理念，說明卦爻創作緣由，讚嘆通易之後功效之弘大深廣，且對神機妙算的易占亦有精彩專論，可謂面面俱到。其中三章引用孔子談易心得，發揮十九個爻的深湛義理，更是再好不過的經典詮釋。習易不讀〈繫辭傳〉，猶面牆而立昏昏不知所嚮。

我自青年學易以來，近四十年，先後完成多種易學著作與論述，全經卦爻及其他〈易傳〉都解釋過不止一遍，就〈繫辭傳〉與〈雜卦傳〉尚欠疏理。借此機緣完成夙願，一抒懷抱，也是人生快事。四千多字的〈繫辭傳〉先述所聞，二百五十字的〈雜卦傳〉天人揭密，再俟來年。

劉君祖

於夏曆乙未年秋分時節

繫辭上傳

第一章　汝聞天籟乎？——易簡以成

天尊地卑，乾坤定矣。卑高以陳，貴賤位矣。動靜有常，剛柔斷矣。方以類聚，物以群分，吉凶生矣。在天成象，在地成形，變化見矣。是故剛柔相摩，八卦相盪，鼓之以雷霆，潤之以風雨，日月運行，一寒一暑，乾道成男，坤道成女。

乾知大始，坤作成物。乾以易知，坤以簡能。易則易知，簡則易從；易知則有親，易從則有功；有親則可久，有功則可大；可久則賢人之德，可大則賢人之業。易簡而天下之理得矣！天下之理得，而成位乎其中矣！

作樂崇德

一九九八年仲夏，我帶領二十多人赴大陸做「《易經》溯源之旅」，到河南鄭州時，去參觀了新開張不久的河南博物院。那是棟仿古登封觀星台造型的建築，樓下大廳壁畫前有兩頭巨象的雕塑，中間一人坦然而立，雙手往兩邊推出，止住了兩象的怒目相持。

按院方的解釋，河南古稱豫州，多大象，為黃河流域文化的中原之地。以一人推開二象，正是力闢草萊、建設文明之意。雕象通體漆金，象徵中原文化的光輝燦爛。

「豫」字本即大象之意，《說文解字》釋云：「不害於物。」象為草食性動物，體軀雖大，只做正當防衛，不會兇猛地主動攻擊，所以「豫」字引申有預防之意。《老子》有云：「豫焉若冬涉川，猶兮若畏四鄰。」巨象過結冰之河，深恐陷落，自然心生猶豫，多方試探，步步為營。「豫」字又有預料、預測之意。人師法自然，凡事預先盤算，早做萬全準備，多能趨吉避凶，安享和樂，「豫」又成了賞心樂事。

《易經》排序第十六的豫卦（䷏），以上諸義俱備。卦辭稱：「利建侯行師。」強調組織佈建、思患預防的重要。動員群眾，貴乎一心，鼓舞鬥志，才能塑造眾樂樂的境界。英文版的《易經》，多將豫卦譯成 Enthusiasm，群眾運動的狂熱每因憧憬未來而生，真是傳神之至。豫卦上震下坤，有動乎地上之象，剛好又與巨象的本意相合。

煽動群眾少不了音樂。豫卦〈大象傳〉云：「雷出地奮，豫。先王以作樂崇德，殷薦之上帝，以配祖考。」敬天祭祖，確立人生的奮鬥目標，慷慨激昂之餘，往往義無反顧。

中國的音樂理論為何？傳統重視的禮樂教化又有何精義？六經中空有《樂經》之名，早亡其實。倒是《禮記》中還有〈樂記〉一篇，可供後學追考。「凡音之起，由人心生也。」「聲音之道，與政通矣。」都是極具特色的卓越見解。

> 天尊地卑，君臣定矣。卑高以陳，貴賤位矣。動靜有常，小大殊矣。方以類聚，物以群分，則

> 性命不同矣。在天成象，在地成形，如此則禮者天地之別也。地氣上齊，天氣下降，陰陽相摩，天地相盪，鼓之以雷霆，奮之以風雨，動之以四時，煖之以日月，而百化興焉，如此則樂者天地之和也。

這兩段對禮樂的詮釋，明顯與〈繫辭傳〉首章有關，不管誰抄誰，必然屬於同一思想體系。由「天尊地卑」推出「乾坤定矣」，已嫌粗糙；斷言「君臣定矣」，更是腐朽愚陋之至！人為的尊貴卑賤一旦涉入對自然的理解，必然扭曲造作，遠離真實。《易經》以革卦（䷰）彰顯革命大義，在論述人事為主的下經中獨具「元、亨、利、貞」四德，又稱「天地革而四時成」，絕沒有定於一尊，不思改造之理。〈繫辭下傳〉第八章有云：「變動不居，周流六虛，上下无常，剛柔相易，不可為典要，唯變所適。」乾卦〈文言傳〉亦稱：「上下无常……進退無恒。」又云：「乾道乃革。」這種活潑透達的思維，怎會主張「乾坤定矣」呢？

〈說卦傳〉在論述所謂先天八卦時，稱「天地定位」，而〈繫辭傳〉末章及第七章皆云：「天地設位。」〈繫辭傳〉的作者顯然悟道更深。「設」有假設、暫時認定之意，並非永恒不變，大劫一至，天旋地轉或天崩地裂，照樣有此可能。天地尚且如此，人為的君臣關係就更不必說了。

因此，〈繫辭傳〉首章從「天尊地卑」到「坤道成女」這段文字，實大有問題。以文氣論，和後半段也銜接不上，意境更相去甚遠。本章為〈繫辭傳〉開宗明義，必須正本清源，將前段完全刪去，直接從「乾知大始」起，至「成位乎其中」終。至於何以有此一段，多半和《易經》的學派之爭有關。擁護君主專制的，為了壓抑《易經》中澎湃洶湧的革命思潮，一旦掌權，為求媚於上，便會在首章中動手腳，這在經學史上屢見不鮮。

首段宗旨雖不可取，仍有些觀念值得分析，如「方以類聚，物以群分」八字，確為理解天象人事的重要準則。俗云「物以類聚」，宇宙間所有的資源可依其共通性而分類，化繁為簡，以簡馭繁，從而建立知識，產生行動。不同類、不同群間的互動，極易激盪而生爭執，吉凶禍福、成敗得失，便由此而來。「方」指地方、域限，所謂「一方水土一方人」，風土人情有其不同屬性，人際相處必須深切體悟，善自調和，否則必生牴牾。同人卦（䷌）欲通天下之志，〈大象傳〉稱「類族辨物」；未濟卦（䷿）避免失敗，強調「慎辨物居方」，皆為此理。

以字源論，「類」字取義於犬，「物」字取義於牛，「群」字則與羊有關，動象紛呈，涵義很深。方、物、類、群、聚、分，都是《易經》中重要的關鍵字，不可忽忽看過。

「在天成象，在地成形。」形和象還有分別。山河大地峙立奔流，各有其形，相當具體。日月星辰距離太遠，雖觸目成象，其真實情境就很難說了。〈繫辭下傳〉第三章有云：「易者，象也；象也者，像也。」《易經》重視象，從卦象、爻象中推衍出許多深刻的哲理，並不拘泥於形。象的創意和可能性，遠大於形。

「剛柔相摩，八卦相盪。」相摩是貼近的接觸，相盪則可遙相感應，由此生出形形色色的變化。

人文化成

「乾知大始，坤作成物。」繫辭首章從此開始，才是直貫本源之論。前面天尊地卑那一大段浮辭，像是在敘述自然宇宙的演化，既不精確，也欠簡練。乾卦〈彖傳〉云：「大哉乾元，萬物資始，乃統天。」乾元為創生一切存在的本源，天地萬物皆包含在內。「知」有覺識、明照之意，但非一般所謂的知識或智能，而是自然而然的生機和道理。依據「乾知大始」的客觀真理，順勢而動便凝結發展成天地萬物，這便是「坤作成物」。

「乾以易知，坤以簡能。」自然宇宙形成後，物種繼續演化，不斷推陳出新，以彰顯其機勢和大能。易有變易、不易、簡易三義，〈繫辭上傳〉第四章又云：「生生之謂易。」〈繫辭下傳〉第三章則稱：「易者，象也。」總括來說，易即生生之象，雖千變萬化，仍有其永恒不變的自然法則。人類若能去其嗜欲私心，虛懷體察宇宙的奧秘，必可化繁為簡，以簡馭繁，進而建立知識，發為行動。

「能」字意義甚深。依《說文解字》的解釋，「能」為似熊的動物，冬眠時會先爬到樹上，故意摔下來，以增加筋骨的柔軟度，直到爬不動，才進山洞。這種習性很像柔道的操練，習氣功和導引術的，亦有「熊經鳥伸」之稱。坤的特性本在順勢用柔，能屈能伸，以能配坤、以知配乾，相當合宜。

「易則易知，簡則易從。」這就是易簡的好處，真正大道必可深入淺出，與人為善。往下的文句一氣呵成，辭意顯豁，都在講人師法自然以修行的步驟。有親有功，可久可大，最後終於成就賢人的德業。「易簡而天下之理得矣！天下之理得，而成位乎其中矣！」這是本章的結論。習《易》貴乎得理，得理尚非人生的究竟，「成位乎其中」才是正果。「成」意指什麼？「中」又是什麼意思？

以〈繫辭傳〉本身來考量，「成」字用得極多，關涉的意義也極重大。除本章前述的成物外，還有成性、成能、成器、成務、成卦、成易、成變化、成天地之文、成天下之亹亹者。〈繫辭上傳〉末章且云：「神而明之，存乎其人；默而成之，不言而信，存乎德行。」顯然和本章首尾呼應，以「成」作為人生修行的極境。「神而明之」在乎人的努力，何謂神？何謂明？

〈說卦傳〉云：「神也者，妙萬物而為言者也。」〈繫辭傳〉又稱：「陰陽不測之謂神。」自然界奧妙無比、千變萬化的作用就是神。《易經》以離卦（䷝）作為人類文明的象徵，其〈大象傳〉云：「明兩作，離。大人以繼明照于四方。」人類在自然界中所創制建構的人文世界，輝煌燦爛，代代相傳，即稱為「明」。「神」即天道，「明」即人道，人道取法天道，功參造化，便是神而明之。

人的這種創造力從何而來？「明」的根源何在？乾卦〈彖傳〉早有說明：「大明終始，六位時成。」宇宙創生時就已涵攝這種覺識明照的機能，隨著生命的出現，物種的繁衍，至人類而達於極盛。《易經》一卦六爻，象徵始壯究、始壯究終而復始的創化歷程，「明」即有終始之義。乾為上經第一卦，離為最後一卦，首尾遙遙相應，明白揭露了宇宙開闢以來自然演化的奧秘。

默而成之，「六位時成」，成什麼呢？離卦〈彖傳〉中有具體的說明：「重明以麗乎正，乃化成天下。」恒卦（䷟）〈彖傳〉亦云：「四時變化而能久成；聖人久於其道，而天下化成。」賁卦（䷕）〈彖傳〉講得更明白：「文明以止，人文也。觀乎天文，以察時變；觀乎人文，以化成天下。」人秉持著天賦的良知良能，長久精進不懈地修行，由本身人格生命的成熟，進而帶動社會群眾的集體成長，最後所企及的完美的文化境界，便稱為「成」。以《大學》所揭示的三綱領來說，「明明德」便是神而明之，大明終始；「新民」便是化天下；「止於至善」即為「六位時成」，「天下化成」。

由明與止、明與成的關係，以及賁卦內離外艮的結構，再來看艮卦（䷳）〈彖傳〉怎麼說；「艮，止也。時止則止，時行則行，動靜不失其時，其道光明。」隨時止欲修行，正是艮卦精義，做到了便「其道光明」。艮亦有終始之義，〈說卦傳〉云：「萬物之所成終而所成始也，故曰：成言乎艮。……終萬物始萬物者，莫盛乎艮。」艮（☶）居後天八卦末位，正當前一循環將盡，後一循環將起的關鍵位置。人生能否成就盛德大業，就看在其肉身隕滅之後，還能帶給後世什麼貢獻。艮卦六爻修行，內卦三爻獨善其身，只是小成；外卦三爻兼善天下，才是大成境界。

「成言乎艮」，成、言二字之合，即為「誠」字。《中庸》一書特重誠，所謂「誠者，自成也……誠者，物之終始。」誠是成己成物，是性之德，合內外之道。又云：「唯天下至誠，為能盡其性；能盡其性，則能盡人之性；能盡人之性，則能盡物之性；能盡物之性，則可以贊天地之化育；可以贊天地之化育，則可以與天地參矣！」

依此而論，所謂「成」亦指成性。人透過不斷的努力，徹底實現了天命，而達到天人合一的最高境界。〈繫辭上傳〉第五章所稱：「一陰一陽之謂道，繼之者善也，成之者性也。」第七章又云：「成性存存，道義之門。」可與此印證。

《中庸》除了重「誠」，還尚「中」：「喜怒哀樂之未發，謂之中；發而皆中節，謂之和。中也者，天下之大本也；和也者，天下之達道也。致中和，天地位焉，萬物育焉。」「誠」跟「中」是什麼關係呢？「誠者，天之道也；誠之者，人之道也。誠者，不勉而中，不思而得，從容中道，聖人也。」人取法天道，節制嗜欲，將人事處理得恰到好處，這種上乘的修為便稱作「中」。「唯天下至誠，為能經綸天下之大經，立天下之大本。」天下之大本即「中」，至誠可以立中，可以建立合乎時中之道的世界。「易簡而天下之理得矣！天下之理得，而成位乎其中矣。」「中」應指時中之道而言，並非「在其中」之意。

「成」字除了以上諸義外，又是奏樂至曲終之意。《尚書・益稷》有云：「簫韶九成，鳳凰來儀。」舜的音樂盡美盡善，和氣致祥，歷經九次變奏，臻於大成。孔子聞韶樂，曾歎三月不知肉味；他又自許知樂，認為音樂之道與政相通，並極度肯定禮樂的教化功能：「興於詩，立於禮，成於樂。」子路問「成人」，孔子列舉了一堆嚴苛的條件後，又云：「文之以禮樂。」

妙的是孟子即以音樂來比喻孔子的偉大，稱他為「集大成」，有金聲玉振、終始條理之美，後世遂以「大成至聖先師」為名。音樂是時間的藝術，孔子被稱頌為「聖之時者」。

「謙以制禮……豫以作樂」。《易經》中謙（䷎）、豫（䷏）二卦相綜，禮樂教化為一體兩面，相需並存。豫卦上爻爻辭云：「冥豫。成有渝，无咎。」「成」即代表樂曲終了，隨著時間的流逝，必須變調以適應嶄新的情境，才能沒有毛病。豫下接隨卦（䷐），隨時應變，剎剎生新。「豫」知機，「隨」隨機，二卦皆重時，豫之時義大矣哉！隨時之義大矣哉！樂教所顯現的境界，真的是大明終始，六位時成。前言「成位乎其中」，「中」指時中，亦即此義。

〈繫辭傳〉首章無論真偽，和〈樂記〉的關係皆極密切。除了前半部形同照抄，再如：「大樂必易，大禮必簡。」「樂著大始，而禮居成物。」「王者功成作樂，治定制禮。」簡直如出一口。我們深推作者創作此章的用心，確有貫通天人、大成禮樂之意；而短短七十九字的表述，已將大易宗旨揭露無遺，真是令人贊歎。以音樂論，本章正是所謂「天籟」。

莊子在〈齊物論〉中提出人籟、地籟和天籟的觀念：人籟是簫管樂器所發出的聲音，地籟是大地上千萬竅穴受風怒號的聲響，而天籟則是渾然忘我、一切自然而然的無差別境界。

「豫」字左偏旁為予，予為我，又有以手外推給予、施予之意。凡有所予，即不分彼此，大公無私。《論語》上記述孔門師生言志，子路衝口而出的：「願車馬衣輕裘，與朋友共，敝之而無憾。」頗見胸襟。《易經》中孚卦（䷼）九二爻辭：「鳴鶴在陰，其子和之；我有好爵，吾與爾靡之。」更是令人神往。信愛精誠所至，多美的共鳴唱和之象？鄭州河南博物館的一人二象的那座雕塑，其人雙手外推，又何嘗不是象徵人與宇宙萬象間的親密聯繫呢？

安身致用

以上皆「依經解經」的繁複引證，以見〈繫辭傳〉首章義理結構的緻密。若以實用的觀點來看，本章有何啟示？

自古即稱易有變易、不易、簡易三義，簡易是由變易見不易、因現象悟真理的不二法門。簡易並非膚淺的簡單容易，而是懂得化繁為簡、以簡馭繁的高深智慧。人要修到簡易，必須降低嗜欲，化除我執我見，練達以公正客觀的立場閱歷行事。

本章開宗明義，將易簡分屬乾坤兩卦，且以「知」和「能」釋之，足見易簡為良知良能，本屬天地間自然之理。《易經》以簡易立教，即在促人師法自然，勿因個人情欲而干擾了對真理的判斷。

西方思想中有所謂的「思維經濟法則」，亦即著名的「奧卡姆剃刀原理」（Ockham's Razor），主張如非必要，不宜妄加對宇宙真實的描述。這個重大原則，一直為後世的思想家所恪守。二十世紀自然科學有飛躍的進展，而那些主領時代風騷的頂極人物幾乎都相信：宇宙的深層結構是簡單而和諧的，簡單是一切自然之美的來源。

將簡易的原則運用於組織管理，就是回歸基本面，確實體認組織之所以成立的原因和目的，重視基層的心聲和需要，以最佳的方法達成績效。為政者須知民為邦本，本固邦寧，民之所好好之，民之所惡惡之。從商者須了解消費者的品味和需求，依此提供最適宜的產品及服務。在與民眾或客戶接觸溝通之時，還得謹記深入淺出的原則，明白曉暢地傳達理念，以爭取大家的認同和支持。

捨此而外，皆有化簡為繁、無事自擾或陷入過多枝節的嫌疑，至於耽溺於權力的傲慢與專業的矜持，就更不可取了。人生在世，理求心安，事宜通眾，易簡以成，孰不云然？

第二章　可以無大過矣！——觀象玩辭

聖人設卦觀象，繫辭焉而明吉凶，剛柔相推而生變化。是故吉凶者，失得之象也；悔吝者，憂虞之象也；變化者，進退之象也；剛柔者，晝夜之象也；六爻之動，三極之道也。是故君子所居而安者，易之序也；所樂而玩者，爻之辭也。是故君子居則觀其象而玩其辭，動則觀其變而玩其占，是以自天佑之，吉无不利。

獨立不懼

《論語》中記述孔子論《易》：「加我數年，五十以學《易》，可以無大過矣！」五十歲正是孔子自述的知命之年。《中庸》稱：「天命之謂性。」孔子認為學《易》可以貫通天人性命之理，以之行事，自然不會犯重大過失。

《易經》中即有大過卦（䷛），大過卦和小過卦的不同，相當耐人尋味。陽大陰小，大過卦四陽二陰，陽剛太甚致凶；小過卦（䷽）四陰二陽，陰柔過度成吝。大過卦為上經倒數第三卦，前頤卦後坎卦，養生不當陷於險難；小過卦為下經末三卦，前中孚卦後既濟卦，秉持信念任事，在嘗試錯誤中學習，終獲成功。上經重天道，下經重人事，二卦正好天人相應。以中爻論：小過二、三、四、五爻重組，適成大過，表示積小過能成大過，勿以惡小而為之；大過中絕無小過之象，積重難返，過河卒子只能拚命向前。

小過應屬人事之必然，理想和現實間恒存差距；大過則似指自然生命有其極限，揮霍過度釀成危機。學《易》可以無大過，豈不是修行有成，突破了小我生命的限制，而證成大我生命的永恒嗎？難怪大過的〈大象傳〉稱：「獨立不懼，遯世无悶。」「獨」即《大學》、《中庸》所論慎獨之「獨」，這種內在生命的主宰一旦確立，當然解脫生死恐怖和憂悲煩惱。〈雜卦傳〉以一「顛」字釋大過卦，無大過，便能遠離顛倒夢想，得證究竟涅槃。

聖人是先知先覺者，本諸己身之參悟，創作《易經》；君子是後知後覺者，藉著研習《易經》，而了悟宇宙人生的奧秘。本章所述，即先知覺後知、先覺覺後覺的傳習之道。

三極之道

設卦、觀象、繫辭是《易經》創作的三個步驟，若以實際的易學史來說，可能長達數千年。伏羲畫卦，設立了由八卦到六十四卦的符號系統，不斷激發後人的創意想像，藉此觀察自然、理解人事；待文字發明後，再嘗試以精簡的文辭來敘述情境，說明吉凶。早先的卦爻辭一定不只一種，這由《左傳》、《國語》上的一些筮例，即可得知。經過長期的印證、比較，最後在集大成式的編纂下產生了定本。傳統有所謂「四聖真經」的說法，除周公政務忙碌，作爻辭一說令人難以相信外，伏羲、文王、孔子，應該都在《易經》的集體創作上有其貢獻。

《易經》是探討變化的書，而宇宙間一切的變化，皆由剛柔相推而生。〈雜卦傳〉有云：「乾剛坤柔，比樂師憂；臨觀之義，或與或求。」剛柔互動，既相反又相成，互補合作很快樂，對抗衝突生煩憂；彼此面對接觸，相互觀察試探，或給與或追求，遂引發了形形色色的繁複變化。

吉、凶、悔、吝為《易經》最主要的判斷辭。吉凶較極端，表示得失、成敗、輸贏、禍福已有確定的結果；悔吝程度較輕，尚有轉圜的餘地。一般來說，行事過剛生悔，若能悔過則無礙；過柔致吝，文過飾非將愈走愈窄。乾卦上九剛愎自用，「亢龍有悔」；屯卦（䷂）六三行險僥倖，「往吝」。

「吉」字從士口，表示知識分子金口玉言，與人為善。「凶」字象地穿交陷其中，有坎卦（䷜）初六、六三爻辭「入于坎窞」之意，厄運當頭。「凶」字另解，也有象龜兆淆亂之形，或臼中缺米以示荒年。《說文解字》以善惡釋吉凶，似有道德勸說之意，教人諸惡莫作，眾善奉行。「吉凶者，失得之象也。」〈繫辭〉不云「得失」而稱「失得」，表示吉未必得，也可能失；凶未必失，或可能得。世事多變，所謂塞翁失馬，焉知非福？塞翁得馬，焉知非禍？短期和中長期的得失可能相異。即便就一時而論，吉凶也往往互見，有所得便有所失，競爭雙方此得彼失，吉凶其實是相對的，不必過度執著。所以稱失得之象，只是象而已，未必屬實。

「悔吝者，憂虞之象也。」行事過程中剛柔失調，生出悔吝，若能警醒做出調整，便可轉憂為喜。「虞」字在《易經》中大有意味，本義為天子掌鳥獸之官，當天子行獵之時，充作嚮導，妥善安排一切事宜，免生意外。屯卦六三〈小象傳〉：「即鹿无虞，以從禽也。」追逐獵物至山腳下，若無嚮導帶路，盲目跟進，則將陷入被動，迷失於原始林中。「虞」字引申為行動前必須深思熟慮、妥善防範之意。中孚卦（䷼）初九爻辭稱：「虞吉。」信仰不可盲從，得先經思想縝密的檢驗；人際交往，資金流動，徵信工作不可或缺。萃卦（䷬）〈大象傳〉：「君子以除戎器，戒不虞。」群眾聚集，情緒相互感染，容易生事，必須準備好兵器，以防暴亂。「虞」又有安樂之意，和「娛」相通。其實只要做好事先的規劃準備，事後便可得享安樂，這和「豫」字兼有豫（預）測、豫（預）備、豫樂之義，非常相近。

《詩經・召南》末篇為「騶虞」，虞，《毛傳》釋為義獸，有至信之德，《說文》釋「虞」字即同此說。如此，則中孚首言「虞吉」，更有深趣。《詩經・周南》末篇為〈麟之趾〉，麟為仁獸，《春秋》以「西狩獲麟」寓大同之義。《詩經》二南素為孔子所推重，〈周南〉始〈關雎〉，終於〈麟之趾〉；〈召南〉始於〈鵲巢〉，終於〈騶虞〉。正是君子之道造端乎夫婦，而歸終於仁義之旨。關雎順性純情，麟趾仁滿天下，揭示王道理想。鵲巢鳩佔卻顯現人間情狀，必須大聲疾呼、鐵腕制裁，以捍衛社會公義，這便是騶虞之旨。〈周南〉為法，〈召南〉為戒，對人生有成熟而深邃的認知。

悔吝是憂虞之象，悔若能憂，即可趨吉而轉安樂；吝若安於過而不改，將至凶而轉憂。

「變化者，進退之象也；剛柔者，晝夜之象也。」陰陽互動，或進或退，生出無窮變化；剛柔亦非永遠不變，剛可變柔，柔能轉剛，就像晝夜流轉一樣。吉凶、失得、悔吝、憂虞、變化、進退、剛柔、晝夜，皆相對之辭，有隨時轉換的可能，故稱象。憂與虞相對，一憂一樂；變與化，如何相對呢？

一般來說，人事所造成的變動稱「變」，自然所造成的變遷為「化」，所謂天地造化、潛移默化、物種演化等等。陽極轉陰稱變，陰極轉陽為化。革卦（䷰）人革天命，九五爻辭云：「大人虎變。」凸顯人為的創造性。觀卦（䷓）彰明天道，〈彖傳〉稱：「下觀而化也。」剝卦（䷖）以陰剝陽，說得更清楚；「柔變剛也。」根據大衍之數的占法，老陰出現的機率最低，陰極轉陽所釋放的能量也最大，故而自然造化的力量，還是遠遠超過人為的變革。

「六爻之動，三極之道也。」一卦六爻，寓有天地人三才之義。初爻、二爻為地位，三、四爻居人位，五爻、上爻為天位。爻之動，表示陽極轉陰或陰極轉陽，每一次的變化，皆反映了三才關係的變動。應用在人事上，即為任何舉措都須考慮天時、地利與人和，將其配合的成效發揮到極致。「極」又有「中」之義，《大學》稱「無所不用其極」，即「無所不用其中」。《中庸》則稱：「素患難行乎患難……素夷狄行乎夷狄。」《論語》亦云：「君子無終食之間違仁，造次必於是，顛沛必於是。」六爻始壯究始壯究，代表一卦中終而復始、持續變化的歷程，三極之道，念茲在茲，不可須臾離，可離非道也。若以全卦象徵組織，六爻則為基層到高層的科層體制，三極之道又成了全民總動員，天下興亡，匹夫有責。比卦（䷇）六爻爻辭皆言「比」，推展全民外交；臨卦（䷒）六爻爻辭皆言「臨」，實現全民共治等等。

深造自得

以上為聖人創作《易經》的歷程，這套思想和行為的典範確立後，即可提供後人無盡的啟發。「君子」的觀念似乎起源甚早，卦爻辭中已相當普遍，〈大象傳〉更多「君子以」，可說整套經典內容，都是為了造就君子而設計。宋儒張載曾言：「易為君子謀，不為小人謀。」《論語・雍也篇》中記述孔子對子夏說：「汝為君子儒，無為小人儒。」儒分君子、小人，且鄭重其事叮囑弟子，似非一般泛泛的道德勸說，而是蘊有思想格局和路線的不同。子夏為孔門後進高才，接受的是孔子晚年主張的大同思想。《易經》與《春秋》皆由子夏傳述，而《春秋》太平世的理想為「人人皆有士君子之行」；《易經》最後一卦為未濟（䷿），六五爻辭稱：「君子之光，有孚，吉。」君子之真義，不宜輕忽看待。

易之序主要是卦序。今本《易經》六十四卦的次序，究竟由何人於何時排定，始終沒有定論，然而其間所蘊涵的深刻哲理，實在令人驚嘆。天道的演化、人事的因革，都能在卦序中找到完整而精確的說明。有心研《易》的君子，若能虛懷體會，必可安身立命，守道不疑。爻辭必涉及變化，在眾力交推下指示人最佳的應對之道，其中真趣，愈玩味愈有深悟。所謂「一爻一世界，一卦一乾坤」，身歷其境，方知如是因果。

君子平居無事之時，深觀易象推衍之理，玩索爻辭應變之道，藉此鍛鍊思維，蘊養智慧；一旦形勢有變，將採取行動之際，便可冷靜分析，當機立斷。居而安、樂而玩，觀象玩辭、觀變玩占，舉止動靜皆有法度。以此立身行事，自然如獲天助，順利成功，鮮少失誤。「自天佑之，吉无不利」在〈繫辭傳〉中凡三見，本為大有卦（䷍）上九爻辭。大有繼同人之後，發揮同心同理、人人皆有之義，正與《春秋》「人人皆有士君子之行」的理想相應。上九為大有極境，人人皆已修成正果，實踐天命，天即人、人即天，故云「自天」。人人心中一片天，天助實即自助，焉有絲毫迷信？

「居而安」之「居」字，作持守、守住解，在《易經》中相當重要。屯卦象徵新生，〈雜卦傳〉稱「見而不失其居」，勿因環境艱險而喪失了清新的美質。屯卦初九、隨卦（䷐）六三、頤卦（䷚）六五、革卦上六爻辭皆云「居貞」，強調固守正道的重要。乾卦九三朝乾夕惕，埋頭苦幹，〈文言傳〉稱「所以居業也」；九二見龍在田，君德已著，〈文言傳〉稱「寬以居之」。「豐」（䷶）極變「旅」（䷷），〈序卦傳〉稱「窮大者必失其居」；「未濟」失敗，〈大象傳〉稱「慎辨物居方」。節卦（䷻）九五甘節吉，〈小象傳〉稱「居位中也」；渙卦（䷺）九五發出號召，以整合人心，〈小象傳〉稱「王居无咎，正位也。」渙、節二卦相綜，「王居」究竟是什麼意思？

孟子道性善，言必稱堯舜，又稱願學孔子，大體上是遵循儒家的大同思想。他在論辯所謂大丈夫的含義時，有云：「居天下之廣居，立天下之正位，行天下之大道。」「廣居」為廣大羣眾所居處之地，所有民生問題的解決，均為大丈夫無可旁貸的責任。為了捍衛天下的廣居，遂有立於天下之正位，以行天下為公之大道的期許。孟子倡行王道，主張居仁由義，這就是渙、節二卦君位爻辭所言之義。而其思想的淵源，則為《春秋》中的「大居正」，撥除私相授受的世及亂制，回復堯舜選賢舉能的正道。大位傳承必須公正合理，以杜亂源。

居而安，樂而玩，確是深於習《易》者的經驗之談。孔子所謂晚而喜《易》，韋編三絕，發憤忘食，樂以忘憂，恐怕便是這種境界。《孟子・離婁下》說得好：「君子深造之以道，欲其自得之也。自得之，則居之安；居之安，則資之深；資之深，則取之左右逢其原，故君子欲其自得之也。」深造自得，正是本章主旨。

第三章　恐懼修省——各指其所之

彖者，言乎象者也；爻者，言乎變者也；吉凶者，言乎其失得也；悔吝者，言乎其小疵也；无咎者，善補過也。是故列貴賤者存乎位，齊小大者存乎卦，辨吉凶者存乎辭，憂悔吝者存乎介，震无咎者存乎悔。是故卦有小大，辭有險易。辭也者，各指其所之。

補過无咎

本章延續前章的理路，進一步探討《易經》的卦爻結構。「彖」字非常特殊，似乎僅見於〈易傳〉，除了〈彖傳〉稱「彖曰」外，就是〈繫辭傳〉提了四次。總結來說，「彖」是截斷之意，彖辭就是卦辭，針對一卦的情境做出宏觀的判斷，而〈彖傳〉則是解釋彖辭的傳。「彖者，言乎象者也。」卦辭是用以表述卦象的；「爻者，言乎變者也。」爻辭則是表述一卦中不同時位的變動。卦象相對來說較穩定，爻變則動盪不測。爻字有交之意，眾力交推，行止難定。

彖、象二字，可能皆取源於動物。象為草食性巨獸，給人印象深刻，瞎子摸象，即犯想當然耳、以偏概全之蔽。「彖」有說是箭豬，能斷其鬣毛以傷人，故取決斷為義；也有說是齒牙鋒利之獸，能咬斷堅硬之物。總之，習用之後，「彖」指自然呈現的情境，「象」則涉及人為的判斷。

前章言吉凶為失得之象，悔吝為憂虞之象；本章續論「吉凶者，言乎其失得也；悔吝者，言乎其小疵也。」「小疵」是小毛病，尚有轉圜的空間，或悔過自新，或文過飾非，就在一念之間。「无咎者，善補過也。」這就引出「无咎」的觀念，《易經》最重視「无咎」。〈繫辭下傳〉第十一章有云：「懼以終始，其要无咎，此之謂易之道也。」吉凶悔吝是相對的，在一定條件下會相互轉化，不必過度執著；而无咎卻是絕對的，代表立於不敗之地，應事沒有差錯。競爭雙方以勝負論，可能此吉彼凶，能謹守君子風度，皆可无咎。

《易經》卦爻辭中，在吉凶悔吝之後加上无咎的，例證頗多。師卦（䷆）卦辭云：「貞，丈人吉，无咎。」打仗除了勝負外，還有嚴明紀律、君將關係、善後事宜等許多問題須考慮；若不擇手段求勝，將有嚴重的後遺症。大過卦上六爻辭云：「過涉滅頂，凶，无咎。」〈小象傳〉稱：「過涉之凶，不可咎也。」其意似指知其不可為而為之，堅持理想而覆亡，雖敗猶榮。其實，大過一卦往往以非常手段解決重大危機。上六時運已窮，不惜玉石俱焚，拚命一搏，還有可能震懾住對手而獲保全，此爻應指置之死地而後生。

蠱卦（䷑）九三爻辭：「幹父之蠱。小有悔，无大咎。」堅持改革理念，雖然過剛致悔，由於大方向正確，沒有大差錯。姤卦（䷫）上九爻辭：「姤其角，吝，无咎。」地屬邊陲或反應太慢，完全沒有機會；雖然路子很窄，卻也不惹麻煩，仍可自保无咎。

欲求无咎，就得勇於認錯，並用最好的方法力求彌補。孔子說學《易》可以無大過，即表示小過人人必犯，只要知過必改，善莫大焉。

小大貴賤

一卦六爻，象徵從基層到高層的組織結構，位高者權責重大稱貴，位卑職微者稱賤，此即「列貴賤者存乎位」。每一位階上可能為大有實力的陽爻，或本身資源不足的陰爻，各種不同的配置組合，即形成六十四卦。《易》例陽稱大、陰稱小，陽實陰虛，陽富陰不富。「齊小大者存乎卦」，「齊」有周備義，也有平等義。大有大的作法，小有小的運用，全部儲藏在卦象中，習《易》者當深刻體會，以培養應世的智慧。

貴賤是依職務區分，與人格價值無關，而且相互依存。《老子》云：「貴以賤為本，高以下為基。」基層的支持反而更重要。乾卦上九亢龍有悔，即因貴而無位，高而無民，故盈而不可久。孟子主張民為貴，更徹底翻新了貴賤定義，這種革命性的觀點，在《易經》的〈小象傳〉中亦多有印證。例如屯卦（䷂）初九鞏固基層，其〈小象傳〉稱：「以貴下賤，大得民也。」頤卦（䷚）初九迷失自性，其〈小象傳〉稱「亦不足貴」；鼎卦（䷱）初六揚棄舊習，共和建政，〈小象傳〉稱：「利出否，以從貴也。」

列貴賤、齊小大，爻位及爻性皆確定後，便可進一步解讀爻辭，以明辨吉凶。吉凶未定前的悔吝階段，須及早憂慮警醒，速做調整，這便是「憂悔吝者存乎介」。「介」字在《易經》出現三次：豫卦（䷏）六二稱：「介于石，不終日，貞吉。」晉卦（䷢）六二稱：「受茲介福，于其王母。」兌卦（䷹）九四稱：「商兌未寧，介疾有喜。」皆有中立客觀、慎謀能斷之意。

「震无咎者存乎悔。」震字用得鮮活！震為生機之動，動而能无咎，就在於知過悔改。憂悔吝於事前，震无咎於事後，竭盡可能追求行事最高的績效。震卦（䷲）〈大象傳〉云：「洊雷震，君子以恐懼修省。」人生就在不斷的行動中淬煉自我，調適成長。

以上一連五句，皆用「存」而不用「在」字，強調所述之理的永恒性，非限於一時一地而已。綜合以上論述，往下便是結論：「卦有小大，辭有險易。辭也者，各指其所之。」

一卦中有陽爻，有陰爻，資源不同，功能各異。彼此錯綜互動，造成各爻爻辭情境非一，有的極艱險，有的甚平易。不論是那種狀況，爻辭都會明確指示出未來發展的方向。

卦有小大一句，語意含混，費人猜疑，引發不少難通的解釋，以為卦還分小大。三畫卦分小大還勉強，乾、震、坎、艮為陽卦，可稱大；坤、巽、離、兌為陰卦，則稱小。六畫卦怎麼分呢？大有、大過、大畜、大壯算大卦；小過、小畜稱小卦，其他卦呢？若以陰陽爻數的比例區分，三陰三陽的二十卦怎麼算？其實「卦有小大」應指爻，和「齊小大者存乎卦」同義。正如「辭有險易」和「辨吉凶者存乎辭」相通，只是進一步更簡要的說明，所以前面加「是故」二字。同樣，「憂悔吝者存乎介，震无咎者存乎悔」，都是教人事前事後的趨吉避凶之道，所以總結為：「辭也者，各指其所之。」

第四章　至大無外——曲成萬物而不遺

易與天地準，故能彌綸天地之道。仰以觀於天文，俯以察於地理，是故知幽明之故。原始反終，故知死生之說。精氣為物，遊魂為變，是故知鬼神之情狀。與天地相似，故不違；知周乎萬物，而道濟天下，故不過；旁行而不流，樂天知命，故不憂；安土敦乎仁，故能愛。範圍天地之化而不過，曲成萬物而不遺，通乎晝夜之道而知，故神無方而易無體。

鬼變機神

此章盛稱易道之大，包羅萬象，近乎無所不知，無所不能。〈繫辭傳〉成書可能已至漢初，文辭優美動人，信道之篤、持守之堅，真是令人側目。

「準」是平齊之意，無過與不及。「易」為自然的生生之象，故與天地平齊，天地之間所有的現象均為易理所涵括。「彌」有覆蓋、周遍、充滿之意；「綸」為治絲縱橫交織、縫合緊密。「彌綸」正所謂天衣無縫，包含盡盡又條理分明。天地之道也有批注為天下之道的，意思相去不遠。《詩經・大雅・烝民》云：「天生烝民，有物有則。」《易經》講的就是天則，就是自然律，人也是自然的產物，不可能違反天則。天地之道偏重自然，天下之道凸顯人文，人文有其特色，但仍屬自然。

《易經》既包括天地間一切的規律，我們用來仰觀天文，俯察地理，就能知道一切隱微不顯和清楚呈現事物間的關係。「幽明之故」的「故」字，《說文》解為「使為之」，即一般所稱的緣故。《墨子》的〈墨辯〉（即〈經上〉、〈經下〉、〈經說上〉、〈經說下〉四篇）為墨子所創的思維術，文辭古奧，向稱難治，而〈經上篇〉首字即為「故」，還分為「小故」、「大故」，依其解釋，「故」為「所得而後成」。凡事總有其發生的原因，盡可能追究清楚，當然會增長我們對這世界的認識。「明」是枱面上看得見的，「幽」是枱面下看不見的，就像冰山一樣，浮在水面上的部分，僅占全體十分之一為「明」，沉在水下的部分占十分之九屬「幽」。「幽」跟「明」有絕對密切的關聯，而知「幽」顯然更重要。《易經》強調「知機」，「機」即隱微難明，由變易悟不易，由「明」知「幽」。

「原始反終」的「反」字，據唐代陸德明《經典釋文》考證，應為「及」字，形似而誤。「原始及終」，即追本溯源，探究事變的開始和結束，了悟因果關係後，便能知道死和生的奧秘。人活著只是精與氣的聚合，精氣一散，靈魂離體便告死亡，由此又可知道鬼和神的作用和情狀。

儒家的主流思想一向理性務實，罕言死生鬼神之事，所謂：「務民之義，敬鬼神而遠之。」「未能事人，焉能事鬼？」「未知生，焉知死？」「祭神如神在。」清楚而明確地表達了重視現實人生的態度。然而〈繫辭上傳〉此章卻大談幽明之故、死生之說及鬼神之情狀，不免令人側目。這些永恆難解的問題，難道說〈繫辭傳〉作者已有篤定的答案嗎？偏偏這幾句又語焉不詳，未見嚴密推理的過程，即道出結論。雖然這是中華古籍說理的通病，但死生事大、鬼神無憑，如此寥寥幾句的表述，還是欠缺說服力。

話說回來，〈易傳〉中卻也並非諱言鬼神，而是似乎另有新義，與一般世俗的鬼神觀不同。例如，〈繫辭上傳〉第九章論「大衍之術」占法，有云：「凡天地之數五十有五，此所以成變化而行鬼神也。」「鬼神」應指天地造化之妙用，至而伸者為神，反而歸者為鬼，屈伸往來，陽息陰消，據此可推衍天地萬象的變化。豐卦（䷶）和謙卦（䷎）的〈彖傳〉皆言鬼神：「天地盈虛，與時消息，而況于人乎？況于鬼神乎？」「鬼神害盈而福謙。」滿招損，謙受益，物極必反，這是天地人鬼神的共通規律。乾卦〈文言傳〉云：「大人者，與天地合其德，與日月合其明，與四時合其序，與鬼神合其吉凶。先天而天弗違，後天而奉天時，天且弗違，而況於人乎？況於鬼神乎？」這是借題發揮九五爻辭中「利見大人」之義。看來，只要參透了宇宙間不易的法則，鬼神的功用和現象，也是自然的一部分，理解並不困難。

《中庸》上有一段，記載孔子對鬼神的看法，值得玩味：「鬼神之為德，其盛矣乎！視之而弗見，聽之而弗聞，體物而不可遺……夫微之顯，誠之不可掩如此夫！」鬼神似乎代表冥冥中陰陽二氣的作用，雖隱微難見，只要用心體會萬事萬物的生滅變化，卻不可忽略其存在。

道家以精、氣、神為人之三寶，內丹功修煉亦講究煉精化氣，煉氣化神，《黃帝內經》屢言精氣，看來「精氣為物」的說法，頗為各家認同。「遊魂為變」要如何理解，可就見仁見智，比較麻煩了。京房八宮卦序中，將每宮從屬的第七卦稱為遊魂，第八卦稱歸魂，並合稱為鬼易，可能源此而來。鄭玄注《易》，逕以大衍占法的七、八釋精氣，表示暫時穩定的萬物存在形態；九、六釋遊魂，象徵物極生變，陰極轉陽，陽極轉陰。如此則與前述筮法「成變化而行鬼神」之意相近。鬼神云云，只是天地間陰陽二氣的盈虛變化而已。

物、精、氣、神四字，均未見於卦爻辭，〈易傳〉中始言之。精為形之祖，一切形體由精而生。乾卦〈文言傳〉：「大哉乾乎！剛健中正，純粹精也。」此係針對〈彖傳〉「大哉乾元，萬物資始」的解釋，往下的「雲行雨施，品物流形」，若與〈繫辭下傳〉第五章所稱：「天地絪縕，萬物化醇；男女構精，萬物化生」合看，即可知「精」字的含義。而天地絪縕，又顯然帶有「氣」的意味。氣凝成精，精擴成形，而神應是主宰其生化妙用的最高原理。

〈易傳〉談氣，見於上經之首的乾卦，〈文言傳〉釋其初爻為「陽氣潛藏」，五爻則稱「同氣相求」；亦見於下經之首的咸卦（䷞），〈彖傳〉稱「二氣感應以相與」，正承〈說卦傳〉之「山澤通氣」而來。天道人道之始俱言氣，可見氣的重要。

氣與虛有關。咸卦〈大象傳〉云：「君子以虛受人。」山上有澤，是自然界常見的天池之象，遠離塵囂，靜謐已極，池水清澈如鏡，天光雲影反映無遺。咸卦六爻全以人身取象，人必須致虛守靜，方可與周遭環境和諧感通。《老子》云「專氣致柔」，《莊子》則稱：「氣也者，虛而待物者也。」又云：「唯道集虛，虛者，心齋也。」虛是修心所至的一種理想境界。

《易經》經文未言物，多言心。上經唯一言心者，為坎卦（䷜）卦辭的「維心亨」。下經則依序有：益卦（䷩）九五的「有孚惠心」，上九的「立心勿恒」。井卦（䷯）九三「為我心惻」，艮卦（䷳）六二「其心不快」，九三「厲薰心」，以及旅卦（䷷）九四「我心不快」。

〈易傳〉言心最值得重視的，為復卦（䷗）〈彖傳〉的：「復，其見天地之心乎！」「七日來復」是高級生命運化的基本律則。醫經上所說「女子……二七而天癸至，……七七天癸竭」的月事現象，以及現代遺傳學對ＤＮＡ分子雙螺旋結構的探究，均提醒我們：卦序由剝而復，也在敘述自然演化過程中，低等生物大滅絕之後，高等生物繼續衍生的事實。生生之謂易，乾坤開天闢地之後，「屯」是海洋下有生命起源，物之始生；「豫」是生命繁衍至陸地上，故以巨象取義；「剝」是地上生命滅絕，「復」是地下生命再起，物之新生。一元復始，萬象更新，高等生命的特徵，即在精神心靈的作用漸盛，故而復卦再往下，終能發展出離卦所代表的輝煌燦爛的人類文明。

下經專論人間世，首卦「咸」表述人類極敏銳的感情和思維能力。〈彖傳〉云：「天地感，而萬物化生；聖人感人心而天下和平。觀其所感，而天地萬物之情可見矣！」咸卦經傳中同時揭露人、心、氣、慮、情等重要觀念，將人身小宇宙和自然天地的大宇宙比類貫通。咸卦之後，下經討論心、情作用的卦爻更多。基於以上的理解，遊魂之變，鬼神之情狀，未嘗不可以精神心靈的作用視之；而精氣為物，又牽涉到極複雜的心物關係的辯證。〈繫辭傳〉作者於此全無交代，只是提出了極具爭議性的命題而已。

格物致知

「與天地相似」的主詞，和「與天地準」一樣，顯然都是「易」。在前文近乎誇張地強調「易」的全知後，往下又換了一種推崇的方式，不違、不過、不流、不憂、不遺，以凸顯易理的圓融無礙。「易與天地準」，是層次上齊平，與天地相似，則涉及易象摹擬自然的問題。

既云相似，即非完全相同，但已抓住彼此結構及內在機制的共通性，故而以此象彼，不會發生違背自然的情形。又由於「易」為人所構思的產物，並非自然本身，遂又有了創造性。乾卦〈文言傳〉所釋大人之義，「先天而天弗違，後天而奉天時」，就是這種相似關係的極好說明。謙卦六四〈小象傳〉云：「无不利，撝謙，不違則也。」「撝」即發揮的揮，「謙」為天地人鬼神所共循的規律，據此發揚光大，當然無往不利。

滿招損，謙受益，這是無法違反的天道。損卦（䷨）六五及益卦（䷩）六二為最佳受益之位，爻辭俱云：「或益之，十朋之龜弗克違。」以名貴的大龜占卜，所顯示的天意均不能違背。損卦六五〈小象傳〉所稱：「自上佑也。」「自上佑」即「自天佑之」，依大有卦（䷍）上九爻辭，後接「吉无不利」四字，又與「无不利，撝謙」相合。

「天與水違行」，成「訟」；「天與火，同人」。換言之，同人之所以能通天下之志，即在不違天道。人同此心、心同此理，以確保世界和平，實現大同之治。依八卦方位的說法，乾、離分居先後天卦位的南方，先天為體，後天為用，同人為先後天同位，體用合一，人類文明的發展應依天理行事。

「知周萬物」的「知」字，一般念作智慧的「智」，表明非知識之「知」。「周」是周遍、徹底研究通透之意。我們的智慧透徹研究萬事萬物之後，所了悟的真理，必須用來解決天下眾生的問題，不可流於空想或玄談，這才是先聖創作《易經》，以及我們研究《易經》的目的。「不過」即恰到好處，不會犯《中庸》所謂「知者過之」的毛病。「知周乎萬物而道濟天下」，完全合乎《中庸》所稱「致廣大而盡精微，極高明而道中庸」的儒者精神。「濟」是涉河渡彼岸，是引導眾生拔苦得樂的波羅蜜。《易經》最後兩卦為既濟、未濟，道濟天下正是《易》的終極目標。

然而，以智慧來解釋知周萬物之「知」，恐怕仍得解釋一下。這個「知」字應是〈繫辭傳〉首章「乾知大始」、「乾以易知」的「知」，以人來說，就是與生俱來的良知。良知先天涵備覺識明照的能力，當人進行後天學習時，不斷感測量度外物，以開發智慧，形成知識，《大學》所說的格物致知正是此意。知周萬物而道濟天下，即致良知的效果呈現。

以卦序而論，「乾知大始」、「坤作成物」之後是屯，清新的生命未受習染，「元亨利貞」四德俱全。進入蒙卦（䷃），嗜欲漸深，天機漸淺，良知的開創性有了問題，故而元德不顯，須大力啟蒙，就有道而正焉。啟蒙實即滌除習染，復元復性。「大學之道，在明明德，在親民，在止於至善」。此由蒙的互卦為「復」亦可看出（下頁圖）。

「明明德」直探人性本源，並非僅有德性上的意義，同時也為吸收知識做好基礎準備。《中庸》云「尊德性而道問學。」德性與問學，二者不相衝突。質言之，《易經》蒙卦所揭櫫的教育理念，一為尊德性，通於老子所稱的「為道日損」；一為道問學，即「為學日益」。若以復卦象徵良知顯現，則緊接著的无妄（䷘）、大畜（䷙）兩卦，正是內外兼修的致良知的工夫。良知愈格物愈明，故而大畜〈彖傳〉言：「日新其德。」

旁行而不流，頗有老子「大道氾兮，其可左右」的氣概。道術之行就像長江大河，壯闊奔流，因機順勢，無所不至，卻自有軌範，不致氾濫無歸。旁行即自由自在，百無禁忌，充分體現易理變動不居的創造性。不流，於變易見不易，發而皆中節，又隱然有常法在焉。

《易經》六十四卦三百八十四爻，再加上卦變、爻變，至少數千種類型的變化，已經曲盡人生各種情境的描繪；而卦爻辭中所提出的對策，也確能切中肯綮，值得信受奉行。

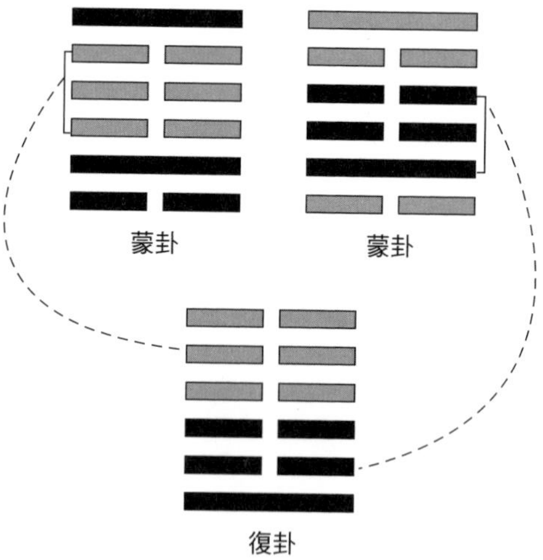

天人性命

《易經》本為憂患之書，為解脫眾生悲苦而作。然而此憂為憂國憂民，先天下之憂而憂，不為物喜，不為己悲。《論語・子罕篇》：「知者不惑，仁者不憂。」孔子自述四十而不惑，已擺脫個人私欲的糾纏；五十而知天命，嗜欲淺天機深。不惑於欲，不憂己私，廓然大公，物來順應，此為樂天愛人的仁者境界。「知之者不如好之者，好之者不如樂之者」；「發憤忘食，樂以忘憂，不知老之將至」；「飯疏食飲水，曲肱而枕之，樂亦在其中矣」；「一簞食，一瓢飲，在陋巷，人不堪其憂，回也不改其樂」；「貧而樂，富而好禮」；「知者樂水，仁者樂山」。《論語》上所載這些「樂」的境界，皆可歸結為「樂天知命，故不憂」。《中庸》稱君子「居易以俟命」，「俟命」由知命而來。唐朝大詩人白居易，字樂天，典出於此。

天命的觀念很困惑人，過去對中國人的影響也很大。孔子五十以學《易》，和五十而知天命正相合，《易經》對天命的看法究竟如何？經文中言及「命」的不多，集中在幾組卦：訟卦（䷅）九四的「復即命」、師卦（䷆）九二的「王三錫命」，以及上六的「大君有命」，仍偏重君命。泰卦（䷊）上六的「自邑告命」、否卦（䷋）九四的「有命无咎」，已有大環境形勢比人強的天命之意。革卦（䷰）九四的「改命吉」，〈小象傳〉點出「信志也」，以人志和天命對論，凸顯人能若盛，天命尚可變革的偉大觀念。旅卦（䷷）六五的「終以譽命」，〈小象傳〉稱「上逮也」，則有下學而上達，窮理盡性以至於命，人天合一的圓融體悟。

〈易傳〉談命更精微而深入：〈說卦傳〉述聖人作《易》的目的為：「將以順性命之理。」乾卦〈彖傳〉稱：「乾道變化，各正性命。」天命與人性本無二理，得參透本源，並就自然和人世的各種變化去調順、撥正天人間的關係。大有卦〈大象傳〉云：「順天休命。」前提是：「君子以遏惡揚善。」萃卦（䷬）〈彖傳〉稱：「順天命也。」鼎卦（䷱）〈大象傳〉云：「正位凝命。」人文薈萃、革故鼎新，一切的人文建設是為了實踐天命。《中庸》云：「苟不至德，至道不凝焉。」「凝」是具體成就之意。人行至德，才能成就至道；正位行權，才能成就天命。

天命究竟是什麼？无妄卦（䷘）〈彖傳〉有規範性的定義：「大亨以正，天之命也。」元亨利貞，自然界終而復始的創造循環，乾卦卦辭所顯示的生化規律即天命。人若不依天命而行，違反自然，必生咎悔，故而无妄卦〈彖傳〉作結云：「天命不佑，行矣哉？」

知天命，行天命，並非屈從於形勢，接受宿命安排，而是知機順勢，將資源做最有效的投注和運用；倘若大形勢實在太壞，也不排除深入研發、另起爐灶的可能。卦序由困、井到革、鼎，已經充分說明此義。人志和天命之間，或合或分、或同或異，其實充滿了辯證的張力。我們不妨再看看以下諸例。

臨卦（䷒）標榜開放自由，鼓勵個體的參與和創意，其九二爻辭云：「咸臨。吉无不利。」和大有卦上九同一結果，但〈小象傳〉卻稱：「未順命也。」這和大有卦的「自天佑之」有無矛盾呢？臨卦全卦的重心為初九、九二兩陽爻，皆以「咸臨」為稱，「咸」即下經人文精神的開端，初九又為九二的基礎，其〈小象傳〉云：「志行正也。」人志只要行正，未順天命，一樣吉无不利。

值得注意的是：臨卦〈彖傳〉中顯以九二為主爻，稱「剛中而應，大亨以正，天之道也」。這與前述无妄卦〈彖傳〉所云：「剛中而應，大亨以正，天之命也。」極類似，但一稱天之道，一稱天之命，二者又有何不同呢？

「道」是終極真理，「命」指大用流行。天道、天命皆以乾卦的元亨利貞為指標，而道的存在層級更高。乾卦〈彖傳〉稱：「乾道變化，各正性命。」人性、天命欲得其正，還得依據更基本的乾道變化而來。无妄卦強調天命的不可違，而天命中本就含有正，人心一旦失正，即易誤判形勢，闖禍犯錯，而不利有所往。臨卦九二志行俱正，直接上通天道，從心所欲不踰矩，不必斤斤計較順命與否。

當然，未順命並非故意違反天命，而是乾卦〈文言傳〉所稱的「先天而天弗違」。如果執意不順命，自由過度，恣意妄為，又可能啟動天命的反撲，這就是臨卦卦辭所提醒的「至于八月有凶」。八月在十二消息卦中為觀卦（䷓），其〈彖傳〉云：「觀天之神道，而四時不忒。」四時運轉，天命流行，彰顯了天道的自然法則；一旦天時失序，災變頻仍，天命的錯亂即表示人事的乖謬。

俗云：「人在做，天在看。」臨、觀兩卦一體相綜，這種天人相應的奧妙關係，在中國傳統政治思想中頗為強調，天災人禍常常作為政治績效的負面指標。除了藉此制衡君權，或遂行鬥爭之實的考慮外，究竟有無合理性呢？

其實，現代生態環境汙染的問題，就是天人關係的失衡。臭氧層的破洞或未來核戰的威脅，足以改變正常的氣候，看似天災，實乃人禍。所以復卦見天地之心，本是讚嘆人能人智的發揚，但逞智過度，又成上六的「迷復，凶，有災眚。」天災人禍並至。緊接著的无妄卦，六三出現无妄之災，尚非人事之咎；上九「行有眚」，〈小象傳〉釋云「窮之災」，則已視人禍為天災了。「天作孽，猶可違；自作孽，不可逭。」臨卦的八月之凶，警世意味濃厚。

姤卦（䷫）不期而遇，天命的發展有其隨機偶然性，物種演化往往出現突變的機制，人生在世每見旦夕禍福，面對這種難料的情境，又當如何呢？九五〈小象傳〉說得好：「志不舍命也。」位處中正，人事準備已臻最佳狀態，卻還得含容不發，等時機成熟才下手。人志決不可捨離天命，否則功業難成。姤卦之後為萃（䷬），因緣聚合，稱「順天命」；萃之後為升（䷭），稱「南征吉，志行也」。升而不已必困，高倍率成長泡沫化以後，又得面臨研發轉型的問題。

困卦（䷮）〈大象傳〉云：「君子以致命遂志。」澤中無水，代表資源耗盡，命勢已至窮途。這時若還想達成自己的志向，就得豁出全副心力，以求脫困。所謂天無絕人之路，再壞的形勢，也存有一線生機，一旦找到了突破口，便應竭力鑽研擴大。「致命」的「致」，除了毫無保留的投入之外，還有積極擴充之意，與「致良知」、「經世致用」之「致」類同。

卦序發展至巽卦（䷸），對人志與天命的探討，有了更深入的心得。〈彖傳〉稱：「重巽以申命。」天命幽微難測，必須深入再深入，才能悟其精奧。〈大象傳〉云：「隨風巽，君子以申命行事。」天命無常，時勢的風向總是變來變去，有智慧的人應低調靈活，隨機應變，才能委曲婉轉而終獲成功。初六爻辭云：「進退，利武人之貞。」〈小象傳〉先稱「志疑」，後稱「志治」，可見猶豫徬徨。九三爻辭云：「頻巽，吝。」〈小象傳〉稱「志窮也」，貫徹也極不易。九五化被動為主動，「先庚三日，後庚三日，吉」，才應了〈彖傳〉所稱：「剛巽乎中正而志行。」

《論語》中孔子自述為學歷程，從「吾十有五而志於學」開始，五十而知天命，七十而從心所欲不踰矩，正是由立志到知命，由知命再深造至志命合一的大人境界的顯例。

斯土斯民

樂天知命為仁者不憂的修養，安土敦仁則更進一步發揮對眾生的愛心，「能愛」的「能」字特別提醒人：愛是一種能力，犧牲奉獻，包容忍耐，非空言可致。乾以易知，坤以簡能，樂天知命通乾道，安土敦仁屬坤道。從不憂到能愛，知行合一，一切自然而然。

「敦」字有厚、後、終之意。艮卦（䷳）上九「敦艮，吉」，〈小象傳〉釋云：「以厚終也。」最能闡發其義。坤卦厚德載物、先迷後得主、乃終有慶，「敦」字明確有坤象。《中庸》稱：「小德川流，大德敦化。」「敦」為大德境界，非朝夕可至。除「敦艮」外，復卦六五「敦復，无悔。」臨卦上六「敦臨，吉，无咎。」爻位非上即五，人生歷練已至爐火純青，對四爻以下的年輕後進，往往呈現仁厚長者的風範。

仁者待人處世會如何表現呢？孔子說仁者愛人，孟子推廣至仁者無不愛，都為本章的能愛奠下根基。孟子又說仁者無敵，仁者沒有敵人，更不會無端製造假想敵。雖然不樹敵，可決不鄉愿，能以公心正是非。《論語・里仁篇》有云：「唯仁者，能好人，能惡人。」一般人好惡失正，愛之欲其生，惡之欲其死，仁者確能超越此障。《大學》發揮斯旨，對心胸狹隘、嫉賢妒能，以致禍國殃民之人，決不寬貸，主張放逐至四夷，不與同中國，而稱此為真正仁者的行為：「唯仁人為能愛人，能惡人。」

仁者之愛，依儒家主流觀點，為由近及遠的等差之愛，而非泛言高論的兼愛，換言之，亦屬一

「致」的過程。《易經》中有兩個關鍵字，能幫助我們了解這種主張，一是「孚」，一是「育」。

「孚」字經文常見，爪下有子，正是鳥類孵卵之象。母鳥孵育小鳥，須靜止不動，耐心守候。親子之間透過體熱傳遞，逐漸去化堅硬的蛋殼，終至時機成熟，新生命破殼而出。「孚」字一般解作誠信，但恐怕以基督教講的信、望、愛三字合釋更貼切。「有孚」往往代表現況雖不好，只要堅持信念，以愛心化解僵局險境，便可有美好的未來。需（䷄）、訟（䷅）二卦首重有孚，只要孚信未失，終有滿足需求、解決爭端的一日。小畜卦（䷈）以小搏大，六四、九五最善相處之道，亦為有孚。換言之，訴諸親子之情、同胞之愛，以建立互信，便能化解強凌弱、眾暴寡的鬥爭。坎卦（䷜）險象環生，卦辭稱：「有孚，維心亨，行有尚。」「有孚」又是一切心理建設的根源，據此以往，終能脫險。

「育」字經文僅見一處，漸卦（䷴）九三云：「婦孕不育。」傳文較多，蒙卦（䷃）〈大象傳〉云：「果行育德。」蠱卦（䷑）〈大象傳〉云：「振民育德。」「育」字下為女人身上的一塊肉，上為倒子之象，正似女子生產時，胎兒頭下腳上，蠕動而出的情景。女子懷胎十月，歷盡艱辛，還得熬過生產的陣痛，才得孕育新生命。沒有愛心和對下一代的盼望，是很難做到的。

「孚」和「育」二字，分別從卵生和胎生的誕生歷程取象，闡述最自然的生命情懷，有血源關係的親子情、同胞愛，一定和其他關係不同。但人類文明發展之所以異於禽獸，就在孚和育的精神可以發揚擴充，從獨親其親、獨子其子，推廣為不獨親其親、不獨子其子；老吾老以及人之老，幼吾幼以及人之幼。孚的本義僅限親子之情，甚至是單向的母愛，連反饋的孝順都未涉及，也可能流於偏私護短，對群體生活未必合宜。所以又有中孚一卦，闡揚孚須合乎中道。「育」的本義一經推廣，養育、教育、化育，甚至如无妄卦的〈大象傳〉所稱：「茂對時，育萬物。」人道精神發揮到極致，即成就《中庸》所謂：「可以贊天地之化育，則可以與天地參矣！」

愛既有由近及遠的等差，「安土」之說實乃邏輯上的必然。博愛世人，先得從親人、鄰人的鄉土之愛開始，否則不是流於空泛，就是根本虛偽。同人卦（䷌）以「同人于野」為號召，爻位的發展順序仍是「同人于門」、「于宗」，還得經過「伏戎于莽」、「乘其墉」、「大師克相遇」的勾心鬥角歷程，才以有限量的「同人于郊」結束，可見博愛之難。人生真要學習愛的能力，先從安土做起。

綜合以上的論述，我們不妨對臺灣社會廿餘年來的本土化運動做一檢驗，即會發現，離「安土敦乎仁」的境界差得太遠。始作俑者的政客們，口口聲聲愛臺灣，以本土為名，鼓動省籍情結，激化族群矛盾，行政治鬥爭之實。為了遂行個人權欲之私，翻雲覆雨，過河拆橋，今日同志，明日仇讎，全無仁厚長者風範。兩岸關係亦因此互信喪盡，空前緊張。孚、育二字的真諦不得顯發，臺灣的國際競爭力也日益消蝕。如此孽因惡果，不能安土敦仁，遑言能愛！

以剝極而復的義理觀之：臺灣今日政經資源大量流失，局勢岌岌可危，正合剝象。剝卦（䷖）〈大象傳〉云：「上以厚下安宅。」明確昭示一陽來復才是止剝之道。「復」為德之本，見仁心仁德，扎根入土，是真正清新的本土訴求。依復道修行，至六五「敦復无悔」，必可解除危機。前此惡質扭曲的本土化，其實走的是上六「迷復」的路子，走火入魔的後果是什麼呢？且看爻辭的斷語：「凶，有災眚。用行師，終有大敗，以其國君凶，至于十年不克征。」

功參造化

「易與天地準」，「易」與天地相似，「易」範圍天地之化而不過，本章行文依此分為三大段，立意各有層次，並非混同。「準」即「相似」，前已談過；範圍有形塑、控制之意，更凸顯人智人能的優越性。天地自然的造化有生有殺，有平易、有險阻，未必盡合眾生所居。人為萬物之靈，在不違背基本法則下，大可創造發明，改造自然中不盡理想的部分。「不過」，是指一切作為恰到好處，不會因文明的發展而破壞了自然生態的平衡。泰卦〈大象傳〉云：「后以財成天地之道，輔相天地之宜，以左右民。」道理與此相同，「財成」、「輔相」就是本章所謂的「範圍」。

自然環境處理好了，進一步即可採行種種周到細緻的方式，以育成萬物，一個也不放棄或遺漏，這便是「曲成萬物而不遺」。「曲成」二字，道盡成事之艱難，也顯露無盡的愛心。「曲」相對「直」而言，固然「人之生也直」，但「直」得直在內心，無私無染，動機純正。至於外面行事，則必須因時、因地、因人、因物而制宜，委曲婉轉，才易成功。坤卦六二順勢用柔，爻辭云：「直方大，不習无不利。」〈文言傳〉解釋得好：「直，其正也；方，其義也。君子敬以直內，義以方外。」「義」即「宜」，往外行事須設想周到，講求方法策略。

根據八卦先後天同位的說法，坤卦為體，其用為坎，坎為水。自然界中水的流動，也是曲成最好的範例。黃河九曲，終向東流，只要終極目標不變，設定水位落差，中間不管怎麼靈活變通，一定達到目的。水也沒有固定的形狀，入方則方，入圓則圓，水滴石穿，水落石出，似柔而實剛。兵法有「以迂為直」之計，有「兵形象水」之思。老子觀水，有「曲則全」、「窪則盈」，及「大直若曲」的解悟。

乾道變化，各正性命。萬物之性各殊，成就之路不一，只有以無限的耐心包容，曲盡變化之理，才不致以私意獨斷，而斲喪其生機。老子稱：「是以聖人常善救人，故無棄人；常善救物，故無棄物。」無棄人，無棄物，才能含藏萬有，以成就其大。蒙卦九二「包蒙」、泰卦九二「包荒」，又云「不遐遺」，充分體現厚德載物的精神。屯、蒙相綜，屯為物之始生，字形像初生草穿地，草根委曲婉轉，破土而出，正合曲成之理。

又，《易經》經傳中常見的「之」字，依《說文》解釋，為草木出土，往上生長之象，字形亦呈現曲進之狀。漸卦（䷴）〈彖傳〉云：「漸之進也。」循序漸進，多半迂迴順勢，而非一步到位。革卦（䷰）九三〈小象傳〉稱：「革言三就，又何之矣？」鼎卦（䷱）九二〈小象傳〉：「鼎有實，慎所之也。」革故鼎新，乃非常時期的大事，採取行動前，必須慎之又慎，一旦行動，亦非一蹴可幾，須有百折不撓的準備。

易占變卦稱之卦，由本卦單爻或多爻變造成，但究竟能否變得成，還涉及諸多考量，並非簡單可致。前章云：「辭也者，各指其所之。」一卦六爻的爻辭，只是指出各自變動的意向，爻變不必然造成卦變。一個「之」字，道盡成事之不易，尤其改造大環境更是如此。

再如復卦所顯示的生命演化的律則：「七日來復。」亦為螺旋形上升的曲線，循一升進的主軸，周轉不息。「无平不陂，无往不復。」泰卦九三已明示此理。天地萬物皆由曲成，沒有任何例外。《中庸》由盡己之性、盡人之性、盡物之性，談到贊天地之化育，與天地參，緊接著又稱「其次致曲」。所謂「曲能有誠，誠則形，形則著，著則明，明則動，動則變，變則化，唯天下至誠為能化」，皆在闡發「範圍天地之化」、「曲成萬物不遺」之理。

曲成變化，必得深通萬事萬物動變之理，故而傳文接著又稱：「通乎晝夜之道而知。」晝夜之道，即剛柔變化之道，其義已見於〈繫辭傳〉第二章。晝可變夜，夜可變晝，陽極轉陰，陰盡還陽，窮則變，變則通，這是靈活應世的絕高智慧，也是前述良知的全體發用。

「知幽明之故」，「知死生之說」，「知鬼神之情狀」，「知周乎萬物」，「樂天知命」，「通乎晝夜之道而知」，「能彌綸天地之道」，「能愛」。本章對《易》的推崇，真是毫無保留。既然易理全知全能，不限於一方一隅之用，往下便終結全章所有論述，而下了結論：「故神無方而易無體。」

〈說卦傳〉云：「神也者，妙萬物而為言者也。」自然造化之妙，沒有一定的方式，變動莫測，匪夷所思。取法自然而悟出的易理，圓融應變，也沒有固定的形體。一言以蔽之，皆是無定在，而無所不在。

第五章　永續不息——生生之謂易

一陰一陽之謂道，繼之者善也，成之者性也。仁者見之謂之仁，知者見之謂之知，百姓日用而不知，故君子之道鮮矣！顯諸仁，藏諸用，鼓萬物而不與聖人同憂，盛德大業至矣哉！富有之謂大業，日新之謂盛德，生生之謂易。成象之謂乾，效法之謂坤，極數知來之謂占，通變之謂事，陰陽不測之謂神。

繼善成性

本章和前章論道說易，哲理意味濃厚，文辭亦極優美，可說是〈繫辭傳〉中的雙璧。前章盛稱易道之大，「與天地準」、「與天地相似」、「範圍天地之化而不過」，終結於「神無方而易無體」。本章則極論易道之活，從「一陰一陽之謂道」，辯證至「陰陽不測之謂神」。一論至大無外，一論永續不息，兩章前後輝映，強烈顯露〈繫辭傳〉作者對易理的由衷信服。

「之謂」意同「就是」，「謂之」則為「叫作」。「甲之謂乙」，甲就是乙，二者實為一物。「甲謂之乙」，甲叫作乙，乙只是甲的一種表述方式，二者並不等同，甲也可以叫做丙。換言之，

「之謂」蘊含本質上的等同，「謂之」則可能出現名與實的差距。以英文來說，之謂即「is」，謂之有點像「as」。〈說卦傳〉釋八卦之象：「乾，健也；坤，順也。」乾之謂健，坤之謂順。「乾為天，……為君，為父……」乾謂之天，謂之君，謂之父。

「一陰一陽之謂道」，一陰一陽就是道，宇宙萬有必涵具陰陽兩種性狀。「一」字肯定是動詞，有統一、致一、合一之意，表示道的存在層級較陰陽為高。「一」字在此非量詞，一個陰和一個陽就是道，這不成話。老子講：「道生一，一生二。」又屢稱「得一」、「抱一」。〈繫辭上傳〉第十一章所謂：「易有太極，是生兩儀。」這是《易經》思維的基本模式。道不可見，人要體悟道的運行，只能透過陰陽的互動。「用」外覓「體」，永不可得；即「用」見「體」，「體」「用」合一。

道體既立，透過陰陽互動，就會自然而然往下發展，「二生三，三生萬物」，或所謂「兩儀生四象，四象生八卦」。這種繼續生發推衍的歷程，本身就是善；因之而凝鑄成形的萬事萬物，也就有了各自的物性。

「繼之者善也，成之者性也」，隱含了性善觀。既然承繼的是善，起源當然為善，陰陽善，道善。乾卦〈文言傳〉云：「元者，善之長也。」起源雖然為善，延流推衍仍有蒙塵墮落的可能，須加意修持，才能真正盡性成性，故而《大學》又云：「在明明德，在親民，在止於至善。」

修行到至善不易，人對道的體悟恒受資質及學養所限，而有見仁見智的看法。「仁者見之」的「見」，若讀作「現」，則有身體力行、實踐表現之意。無論看法或作法，總之都受到本身條件的拘限，未必能真正掌握真理。因此，修辭上用「謂之」，不再稱「之謂」。謂之仁，謂之知，頗有自以為是，以意見為真理的味道。

見仁見智，是學者囿於所聞；一般老百姓，根本還談不上「知」。雖然不知，卻沒有一天不用。真理無所不在，最平常的生活事務中都含有道。《中庸》云：「道也者，不可須臾離，可離非道也。」

綜前所述，可見真知力行之難。「君子之道鮮矣！」這樣的結論，語氣極似《中庸》：「中庸其至矣乎！民鮮能久矣！」「道之不明也，我知之矣！知者過之，愚者不及也。道之不明也，我知之矣！賢者過之，不肖者不及也。人莫不飲食也，然鮮能知味也。」「道其不行矣夫！」

兩相對照，〈繫辭傳〉此章所稱的君子之道，實即中庸之道。依孔子在《中庸》一書的說法，中庸是至德至善，似易而實難。所謂天下國家可均，爵祿可辭，白刃可蹈，中庸卻不可能。以平常入德論，愚夫愚婦可以與知能行；及其至也，雖聖人亦有所不知，有所不能。

由此看來，一陰一陽之道，「一」字還有控制、駕馭、調和得恰到好處之意。孔子稱讚大舜「執兩用中」，又稱顏回「擇乎中庸，得一善則拳拳服膺」，皆由此處著眼。

顯仁藏用

《中庸》論道，常以「隱」和「顯」對論：「莫見乎隱，莫顯乎微」；「君子之道費而隱」；

「夫微之顯，誠之不可掩」；「不見而章，……無為而成」；「闇然而日章，……的然而日亡」；「知微之顯，可與入德」；「潛雖伏矣，亦孔之昭」……

〈繫辭傳〉和《中庸》相表裡，本章在嘆「君子之道鮮矣」之後，也提到隱顯的問題。大道無形，藏諸用，不可於「用」外覓「體」，已見前述。「顯諸仁」是什麼意思呢？

《易經》剝極而復，剝卦（䷖）上九以「碩果不食」為象，復卦（䷗）六二〈小象傳〉「休復之吉，以下仁也」，可推知有果中核仁之象。一陽初動，見天地之心，仁代表生命種子，萬事萬物生生不息的真機。「仁」字為「相人偶」，以「二人」取義，最基本的人際關係就是夫妻，夫妻結合就能生育子女。《中庸》云：「君子之道，造端乎夫婦。」這應該就是「顯諸仁」的含義。仁為核心的生機，由陰陽兩性的親密互動和合而成。道不可見，天地間處處顯現的生生化化的現象，卻昭示了道的存在。

仁字右邊的「二」，亦可視為上一橫象天、下一橫象地，如此則有頂天立地的三才之意。「顯諸仁」，道不可見，可見的是天地人。宇宙間星羅棋布，大地上山河險阻，生物界靈蠢動植，鳶飛魚躍，乃至人群輝煌的文明建設，在在皆顯示了造化的奇蹟。《中庸》言「君子之道，造端乎夫婦」，接著又稱：「及其至也，察乎天地。」

「顯諸仁，藏諸用」，生機鼓盪，造化默運，形成了三千大千世界。這一切均屬自然而然的演化，並沒有什麼設定的目的，也不隨個人的主觀意志而轉移，憂懼悲喜更改變不了情況。

《易經》為憂患之書，作《易》的聖人悲憫眾生，先天下之憂而憂，情懷固然偉大，畢竟仍屬人道。至於天道，確如荀子所言：「天行有常，不為堯存，不為桀亡。」這就是「鼓萬物而不與聖人同憂」。《管子》一書論形勢，有云：「天不變其常，地不易其則……風雨無鄉（向），而怨怒不及也。」好一個怨怒不及！人生至苦，往往因情而生，焦焚五內，欲求不得。〈繫辭傳〉一句「不與聖人同憂」，客觀冷靜，不陷執著，解除多少包袱！

富有日新

天人之際既明，站在發揚人道的立場，不但不宜灰頹，反而更應積極進取，深悟自然進化之理，不逆勢，不妄求，開出文明創造之路。本章往下語氣一轉，以讚嘆盛德大業起，一路「之謂」到底，精神抖擻，氣勢緜密，真是難得的大塊文章。

《易經》中「德業」二字並稱，見於〈繫辭傳〉及〈文言傳〉。乾卦〈文言傳〉九三、九四皆言「進德修業」，九三且言「居業」，此二爻為頂天立地、承上啟下的人位，也是多凶多懼之位。坤卦〈文言傳〉六五提出通情達理、合宜授權，美之至的事業觀。〈繫辭傳〉首章從「乾以易知」，推到可久的賢人之德；由「坤以簡能」，推到可大的賢人之業。

「德」字從「直」從「心」又從「行」，有內得於心、外得於人之義。《說文解字》釋為「升也」。升卦（䷭）〈大象傳〉云：「地中生木。升，君子以順德，積小以高大。」所謂十年樹木，百年樹人，下學而上達，決非一朝一夕之事。日新之謂盛德，苟日新，日日新，又日新，自新新人，新民新邦，這種行健不息的剛強猛勁，本身就是盛德。大畜卦（䷙）〈大象傳〉云：「君子以多識前言往行，以畜其德。」〈彖傳〉且云：「剛健篤實輝光，日新其德。」

「業」字不見於卦爻辭，也不見於〈彖〉、〈象〉諸傳。《說文解字》釋為「大版」，其義似指程功積事，如版上之刻，往往可計數。凡有所專習稱「業」，事成謂之「業」。「業」又有高大懼危之意，故云兢兢業業，語出《尚書・皋陶謨》：「有邦兢兢業業，一日二日萬幾；無曠庶官，天工人其代之。」

「富有之謂大業」，資源雄厚完備，足以利益眾生就是大業。「富」字顯然不單指財貨而言，精神心靈上的充足，所謂仁義忠信、樂善不倦，孟子稱道的「天爵」，亦包含在內。《論語・堯曰篇》稱：「周有大賚，善人是富。」人才眾多，濟濟多士，是周之所以滅商，革命大業成功的重要資產。

《易》例陽大陰小、陽實陰虛、陽富陰不富，《易經》中最顯富麗氣象之卦就是火天大有（䷍）。艷陽高照，無幽不燭，這象徵什麼呢？日光是大地上一切生命活動的來源，所謂天無私覆，決非特定生物所可壟斷。大有實即公有、大家享有、人人皆有之義。傳統的易注囿於〈彖傳〉所言之「柔得尊位，大中而上下應之」，以一陰擁有五陽為釋，恰成獨占，可謂差之毫釐，失之千里。若然，則卦名應為「有大」，而非「大有」。同人（䷌）、大有兩卦相綜，「同人于野」是實現大有「元亨」的前奏。〈雜卦傳〉云：「大有，眾也；同人，親也。」同人通天下之志，必須由近及遠、由親及疏；大有順天休命，已是遠近大小若一，一切資源為公眾所享有。

依前所述，大有一卦實在昭示均富的思想，除了求富之外，更重視資源的合理分配。因此，大有之後的謙卦（䷎），其〈大象傳〉云：「君子以裒多益寡，稱物平施。」積極生產，公平分配，才能保證祥和社會的建立。若有人巧取豪奪、恣意破壞這種均平原則，即可秉公權力加以制裁，此即謙卦六五爻的主旨：「不富以其鄰。利用侵伐，无不利。」

若大有為眾，依〈雜卦傳〉，「小畜」即為寡。不患寡而患不均，是以小畜卦（䷈）九五爻辭云：「有孚攣如，富以其鄰。」〈小象傳〉更稱：「不獨富也。」富利應該共享，不宜壟斷獨占。前云富不單指財貨而言，如此不獨富的意義就更深了！「不獨親其親，不獨子其子。貨惡其棄於地也，不必藏於己；力惡其不出於身也，不必為己。使老有所終，壯有所用，幼有所長，鰥寡孤獨廢疾者皆有所養。男有分，女有歸。」老有、壯有、幼有、男有、女有、廢疾者皆有，這不是大有是什麼？〈禮運大同篇〉所揭示的天下為公的大同理念，實即《易經》同人、大有兩卦的宗旨。

「大有」和「有大」不同，而〈序卦傳〉為了說理方便，卻稱：「有大者，不可以盈，故受之以謙；有大而能謙，必豫，故受之以豫。」這是偏重卦序關係的說明，不可以文害義，而誤解了大有一卦的真實含義。其實以卦序論，從小畜到豫的八個卦，充分體現了先秦儒家在政治、經濟、社會、文化等方面的重大主張，且看《論語・季氏篇》中，孔子教訓弟子冉有的話：

> 丘也聞有國有家者，不患寡而患不均，不患貧而患不安；蓋均無貧，和無寡，安無傾。夫如是，故遠人不服，則修文德以來之！既來之，則安之！

國家是武力造成的，小畜卦之前的師、比二卦已明確昭示。師卦（䷆）上六爻辭云：「大君有命，開國承家。」戰爭結束，依據勝負劃定勢力範圍，故而比卦（䷇）〈大象傳〉稱：「先王以建萬國，親諸侯。」

國家既立，便面臨在和平的環境中生存發展的問題，這便是小畜。「小畜寡也」，資源不夠，必須善用楨桿，敦親睦鄰，與鄰國互惠貿易，無論強弱大小，皆不宜彼此再動干戈，故而〈大象傳〉云：「君子以懿文德。」

小畜卦後為履卦（䷉），「履而泰然後安」。〈繫辭下傳〉第七章稱：「履，和而至；……履以和行。」小畜為寡，履以和行，和即無寡；小畜「密雲不雨」，充滿不安情緒，致泰卦（䷊）後即不患不安。安無傾，泰、否皆有傾之象：泰卦上六「城復于隍」，否卦（䷋）上九「傾否」。持盈保泰，居安思危，即可趨吉避凶。小畜卦患貧，九五「不獨富」、「富以其鄰」，均即無貧。突破的關鍵，在於和平共存的互信。

小畜九五稱「有孚攣如」，六四稱「有孚，血去惕出，无咎」。是以〈禮運大同篇〉在「人不獨親其親」之前，先強調「講信修睦」。《論語・顏淵篇》中，子貢問政，孔子回答：「足食，足兵，民信之矣。」師、比二卦講足兵，之前的需（䷄）、訟（䷅）二卦講足食，小畜卦、履卦則重視民信之矣。必不得已而去，可去兵去食，自古皆有死，民無信則不立。不僅小畜九五、六四重有孚，需、訟二卦卦辭亦首言有孚，比卦初六稱「有孚，比之」，甚至強調：「有孚盈缶，終來有它吉。」

《論語・子路篇》記載孔子到衛國，冉有駕車，孔子見衛國人口眾多，稱：「庶矣哉！」然後因冉有之問，發抒庶而後富、富而後教的主張。「同人于野」為庶，大有為富，之後的謙、豫二卦為禮樂教化。〈繫辭下傳〉第七章稱：「謙以制禮。」豫卦（䷏）〈大象傳〉則云：「先王以作樂崇德。」

《易經》除以大有一卦示富有、眾有之義外，也在多處強調「有」的重要：震卦（䷲）六五「億無喪，有事」，萃（䷬）、渙（䷺）二卦「王假有廟」，家人卦（䷤）九五「王假有家」。渙卦六四「渙有丘」，否卦九四「有命」，豫卦上六、隨卦（䷐）初九「有渝」，蠱卦（䷑）初六「有子」。謙卦九三、坤卦六三「有終」。坎卦（䷜）「行有尚」，豐卦（䷶）初九及節卦（䷻）九五「往有尚」。艮卦（䷳）六五「言有序」，歸妹卦（䷵）九四「遲歸有時」，需、蹇、漸「往有功」……其他如有孚、有獲、有喜、有慶、固有之等。大《易》可謂囊括萬有，以「有」立教。〈繫辭上傳〉第十一章稱：「易有太極，是生兩儀。」言有言生，全面的肯定，宇宙的存在不容置疑。

至於「无」呢？无咎、无悔、无不利、无眚、群龍无首，還專設「无（無）妄」一卦，闡釋全真之理。大《易》崇有務實，不尚虛無。

生生不息

「富有」、「日新」之義既明，「生生之謂易」就好理解了。第一個「生」字有自然義，字形象草木生出土上，日進而不已，所謂「天地之大德曰生」。第二個「生」字就有生命的自我繁衍，以及人文的價值創造在內。「生」為萬物資始、物之始生，如乾、坤後的屯卦之象。「生生」則有一元復始、萬象更新的復卦之意，甚至有「大明終始」，以及「以繼明照于四方」的離卦之理。以性情來分，生之謂性，「生生」則由性又衍發出喜怒哀樂之情。生命之所以能繁衍不息，不正是因為眾生有情、異性相吸嗎？卵生動物的有孚、胎生動物的養育，所顯示的親子之情，正合生生之義。

三畫卦的八卦摹擬自然，為生；重卦後的六十四卦，揭示終而復始之義，為生生。八卦只是單純靜態的基本範疇，六十四卦才顯現三才互動、千變萬化的宇宙真相。「生生之謂易」，可視為易的第四個定義，和傳統變易、不易、簡易的三易說合觀。

〈大象傳〉人文精神濃烈，立論的依據即生生不息的重卦現象，重視上下或內外卦的互動關係。且看八純卦的修辭表現：

天行健，君子以自強不息。

地勢坤，君子以厚德載物。

水洊至，習坎。君子以常德行，習教事。

明兩作，離。大人以繼明照于四方。

「洊」為水相永存，有一波未平、一波又起，連續不斷之意。「習」是鳥數飛，不斷練習才能掌握飛行的技巧。「兩作」、「繼明」，意義更為明顯。乾卦不稱乾，稱「健」，大道無形無名；離卦（☲）不稱君子，獨稱「大人」，昭顯文明創造，與天地合其德。

> 洊雷震，君子以恐懼修省。
> 兼山艮，君子以思不出其位。
> 隨風巽，君子以申命行事。
> 麗澤兌，君子以朋友講習。

「兼」字原意為手持二禾，兩者並重。艮卦講止欲修行，內艮獨善其身，外艮兼善天下，內外兼修，方為大成。「隨」為「從」，緊密相接，一陣接一陣，巽卦（☴）三令五申，務期達到目的。「麗」字為二鹿相依相傍、成雙成對之象。〈說卦傳〉釋「離」為「麗」，此處用於兩情相悅的兌卦，卻也十分合適。「洊」字既用於坎，又用於震，水波、震波皆波波相續。

乾、坤、坎、離屬上經，由體起用，以明天道。故先稱天、地、水、明，續言其作用：行健、勢坤、洊至、兩作。震、艮、巽、兌屬下經，以用證體，而揚人道。故先言洊雷、兼山、隨風、麗澤之作用，續稱其卦名。

乾坤二卦為父母卦，一切生生之本。「乾知大始，坤作成物，乾以易知，坤以簡能。」生命的發展及文明的建設，亦應善體乾坤之義，能知能行，慎始成終。

〈繫辭傳〉首章云：「在天成象，在地成形，變化見矣！」先有象再成形，以做事來說，即先有理念，再在實踐中逐步落實。乾以喻理，坤以況勢，任何事業必須依理順勢才能成功。乾為天理，為自然法則；坤則仿效學習，順勢推演。老子云：「人法地，地法天，天法道，道法自然。」「效」又是效率、效能、效果、功效的效，坤卦天馬行地，最重視執行績效的落實。

極數知來

除了成象效法，企劃與執行的基本能力外，更重要的，得由此衍生訓練出預測的本事，高瞻遠矚，見微知著。「極數知來」就是占，易占預知未來的功能，自古即享大名，而其精準決策的機制與「數」有關。只要徹底研究清楚「數」，就能知道未來。「數」究竟是什麼？

在〈繫辭上傳〉第九章討論占法的內容中，出現大量的「數」。統括來說，有「天地之數五十有五」，「大衍之數五十」、「其用四十有九」之類，依數運作，十有八變即能成卦。爻的陰陽老少又分別以6、7、8、9名之。似乎這些簡單的自然數之間的關係互動，就足以摹擬宇宙間一切繁複的變化。

〈說卦傳〉有云：「幽贊於神明而生蓍，參天兩地而倚數。」指出以蓍草占筮，是以數的運算為根基。「數往者順，知來者逆，是故易逆數也。」清楚的了解過去，有助於逆料未來，而《易經》的重點就在預知未來。

《說文解字》對數的解釋為「計也」，另有速、密二義。「計」是言之十，計算周密，面面俱到，不僅完整精確，而且速度甚快。《孫子兵法》十三篇，首篇為〈始計〉，根據末篇〈用間〉得來的情報，就敵我雙方有形無形的實力，做全面的比較，多算勝少算，少算勝無算。

依《左傳・僖公十五年》記載，晉韓簡有云：「龜，象也；筮，數也。物生而後有象，象而後有滋，滋而後有數。」天地萬物愈生愈多，人際互動由簡趨繁，不經過一番統計排比，確實難以妥善料理。人生充滿變數，而冥冥中似乎又有些定數，在我們下手做事前，能不能先心中有數？這種亙古的迷惘和渴求，也促成了象數之學、術數易的大興。研究《易經》固然應以義理為主，但理、氣、象、數息息相關，對數的探討倒不可輕忽視之。

「極數知來」就是占，也提醒我們：只要對社會繁多事項有清晰解讀、嚴謹運算，以及準確預測能力的所有方法，就叫作占。占法絕不僅限於某種固定的方式，大衍之法是占，《焦氏易林》、京房卦、梅花易數也可以是占。甚至易理精熟、歷練老到的人，不靠占算也能預知未來。這就是孔子稱「不占而已矣」，荀子「善為易者不占」之意。占的意義很活，很寬廣，不必迷執拘泥。

然而，真正完全準確地預知未來很難，不管事先做多少料算，實際進行時，往往又有差距。這時，就得根據現實的變化情況機動調整，這就是「通變之謂事」。《易經》卦序，豫卦之後接隨卦，即明示此理。

「豫」是順勢以動，依據預測做好各種預備；「隨」則是「動而說（悅）」，隨機應變，隨時調整。豫卦〈彖傳〉稱：「日月不過而四時不忒。」期望人事的預測，能像日升月降、四時更迭一般精確無誤。「豫之時義大矣哉！」這種預測的本領，若真達到萬無一失的地步，可就太了不起了！隨卦〈彖傳〉則提醒人：「天下隨時，隨時之義大矣哉！」天下萬事萬物，無時無刻不在變化，每一剎那跟前一剎那都不同。凡事預先做計畫是對的，卻不必奢望一切會照預定進行，必須保留彈性修整的空間。

豫卦上六爻辭云：「冥豫。成有渝，无咎。」下接隨卦初九：「官有渝，貞吉。出門交有功。」兩個「渝」字，明確昭示人機變的重要。豫極轉隨，勢屬必然，人世間所有的預測，以及對未來的規劃，都可能有時而窮。《孫子・九地篇》的名言：「踐墨隨敵，以決戰爭。」人生決戰，有豫有隨，兩卦相因為用，不可偏廢。

〈彖傳〉有所謂十二時卦：豫、遯（䷠）、姤（䷫）、旅（䷷）及隨，稱「時義大矣哉」；頤（䷚）、大過（䷛）、解（䷧）、革（䷰），稱「時大矣哉」；坎、睽（䷥）、蹇（䷦），稱「時用大矣哉」。時機時勢的精確掌握，以及正面、反面的靈活運用，特別重要。但嚴格來說，隨卦又與諸卦不同，不云「隨之時義」，而稱「隨時之義」，前者效力僅限一卦，後者則涵蓋一切。

隨卦重視當下眼前的情境，隨緣做主，隨遇而安；豫卦嚮往未來，深情企劃。豫盡轉隨，正代表隨著時光流逝，未來已變成了現在。隨卦之後為蠱卦，「幹父之蠱」講的是人對過去種種，所應抱持的態度；換言之，現在又轉成了過去。《易經》透過豫、隨、蠱三卦相因，談的正是過去、現在、未來三世；而由卦辭、卦象來看，最重視的還是代表現在的隨卦。

隨卦卦辭云：「元亨利貞，无咎。」四德俱全，與乾卦的「天則」相符合，表示隨為自然存在的狀態，在時間歷程裡，其實我們真正能掌握的只是現在。逝者已矣，過去事再不可得，而未來尚未發生，究竟會如何，只有天知道！易道崇尚無咎，隨卦即云無咎。好好珍惜當下，不要動輒不滿現實，怨天尤人。隨卦卦象為「動而說（悅）」，歡喜自在，無往而不自得。

「陰陽不測之謂神。」綜合以上所有論述，本章作者下了結論。天地造化之妙，人事變革之奇，只能以不測稱之。無論未來人類科技再怎麼進步，也難以探索窮盡，究竟真相或不可得。二十世紀大物理學家海森堡深研物質基核，有所謂「測不準原理」：在微觀世界中，我們永遠無法同時測定電子的位置和動量，這並非一般測量方法上的誤差，而是本質的限定與隔閡。另一位量子論大師玻爾，針對光學上詭譎的波粒二象性，提出互補理論，並有句名言：「在追尋生命的和諧時，我們不可忘記在存在的戲劇中，我們自己既是觀眾，又是演員。」任何探測自然的方法技術，既是由人所發明，本身已是自然與人互動下的產物，不可能做到絕對的客觀。換言之，我們用的探測方法會決定自然向我們展現的面目，方法不同，呈現的風貌亦可能有異，但未必就是自然的究竟真相。以《易經》的術語來說，都只是象而已，是見仁見智的「謂之」，而不是「之謂」；是「as」，不是「is」。我們唯一確定的，只是「一陰一陽之謂道」，只是「陰陽不測之謂神」。

玻爾的理論及名言，確實耐人尋味。眾所周知，他曾選了太極圖作為封爵時的徽章，《易經》相反相成的思維方式，極可能對他有所影響。人在探測自然時，既是觀眾，又是演員，也讓人想起臨（䷒）、觀（䷓）二卦相綜，在更深層次的含義。「臨」是身歷其境，全心投入，從初、二爻的「咸臨」，到五、上爻的「知臨」、「敦臨」，不可能不受到天人交感或主觀情懷的影響。「觀」是冷眼旁觀，冷靜思考，從「童觀」、「闚觀」，提升到「觀我生」、「觀其生」，歷程中亦充滿了認知的盲點，要做到如天道的「四時不忒」，可謂難乎其難。臨、觀二卦相綜，實為一體兩面，同時俱現，彼此也會交互影響，而負面的影響，就稱為「八月之凶」。

更有意思的是，臨、觀二卦之前，正是象徵過去、現在、未來三世的豫、隨、蠱三卦。換言之，我們所有的行為和觀察，都得在時間的歷程中進行，不可能有超時的思考或行動，這就注定了陰陽不測，注定了永遠測不準。天地造化，剎剎生新，伸足入水，已非前水！《易經》不終於既濟卦（䷾），而終於未濟卦（䷿），〈序卦傳〉最後說得特別好：「物不可窮也，故受之以未濟終焉。」

第六章　無遠弗屆

夫易，廣矣大矣！以言乎遠則不禦，以言乎邇則靜而正，以言乎天地之間則備矣！夫乾，其靜也專，其動也直，是以大生焉；夫坤，其靜也翕，其動也闢，是以廣生焉。廣大配天地，變通配四時，陰陽之義配日月，易簡之善配至德。

致虛守靜

本章延續前兩章的基調，對易象易理的神妙功能推崇備至，從乾坤二卦的基本特性入手，闡發天人變化的奧秘，最後歸結於〈繫辭傳〉首章所稱的「易簡」。

按傳統的說法，當年伏羲畫卦係仰觀天象、俯察地理，累積了長期自然觀察的經驗，才創造了《易經》。天地玄黃，宇宙洪荒，在一切人文建設未興的上古之時，遠眺星空及山河大地，的確會讓人興起廣大無邊、悠悠無盡之感。李白詩：「明月出天山，蒼茫雲海間。」杜甫詩：「星垂平野闊，月湧大江流。」詩人此情此境，遙想羲皇當年，應復如是。

科技大興之後，現代人的宇宙觀和天地觀有了修正：天是什麼？地是什麼？空間和時間的意義又是什麼？如果天是指星系星雲，那真大得可觀，遠超過古人的想像。地若僅指人類所居的地球，其實小得可憐，稱不上廣大二字。若將地的意義擴充到一切凝成固態的星球，那麼天又是指什麼？相對論告訴我們：時間和空間密切相關，時空轉換與光速有關。人透過高倍率的太空望遠鏡往外看、往遠看，其實看到的是宇宙的過去，哈伯望遠鏡近年來已錄到一百幾十億年前的星塵舊事，已很接近開天闢地時的情景。不過，宇宙的未來還是看不到。

易象易理摹擬天地，「與天地準」，「與天地相似」，天地廣大無邊，《易》也廣大無邊。用易理去討論再遠的事象，也不會有任何障礙。有占卦經驗的人亦深知：易占無遠弗屆。可占近，可占遠，可占古，可占今，不受時空距離的影響。占古欲解讀歷史真相，占今重預測未來。但這是如何而可能的呢？答案或許就在本章：「以言乎遠則不禦」，可以理解；「以言乎邇則靜而正」，指的是什麼？又為什麼「以言乎天地之間則備矣」？

孟子有云：「萬物皆備於我，反身而誠矣，樂莫大焉。強恕而行，求仁莫近焉。」孔子亦稱：「仁遠乎哉？我欲仁，斯仁至矣！」仁為人心，同時亦見天地之心。依據本書前兩章有關仁德的分析，可知孔孟此言，皆與復卦之旨相通。復的螺旋線曲進方式，既見於宇宙星雲、星系的運轉，亦見於生命體內基因的組成。人只要虛心體察，便可了悟天人同構、萬化若一的真諦。

「以言乎邇」，用易理探究人的內心世界；「靜而正」，虛靜無擾才能達到止於一的意境。老子云：「致虛極，守靜篤，萬物並作，吾以觀復。夫物芸芸，各復歸其根，歸根曰靜，是謂復命，復命曰常，知常曰明。」能復即能明，明己明物，故而「言乎遠則不禦」，「言乎邇則靜而正」。

以易占而言，運思專誠、心無雜念，也是獲致精確結果的要件。蒙卦（䷃）卦辭：「初筮告，再三瀆，瀆則不告，利貞。」虛靜自守，正心誠意，才能突破蒙昧與迷執，而契入事理的真相。

復卦（䷗）卦辭云：「反復其道。」初九〈小象傳〉：「不遠之復，以修身也。」无妄卦起心動念，真實不虛，卦序緊接於復卦之後，正是孟子所稱「反身而誠」之意。无妄（䷘）之後為大畜（䷙），〈大象傳〉稱：「多識前言往行，以畜其德。」不就是「萬物皆備於我」嗎？《易經》卦序排比之精，義蘊之深，真是令人驚嘆。

生生之門

乾坤為《易》之門，乾坤交合才有《易》之流行，往下即以動、靜二相描述之。靜專動直、靜翕動闢，是以大生廣生之理，若由男女兩性交合時的生理及心理反應去想，瞬間即可了解。易象近取諸身，以明生生之義，自伏羲畫卦以來，就是相當明確的傳統。

「其靜也專」的「專」，有專一、專精、謹守之意；亦有解釋為「摶」的，如此則有環繞、盤旋、緊聚之意。孟子有云：「不專心致志，則不得也。」老子則稱：「專氣致柔，能嬰兒乎？」

「其動也直」的「直」，有勇往直前、理直氣壯之意；也代表不矯飾、不迂曲的自然態。孔子有云：「人之生也直。」靜專動直，有屈有伸，有盤整有出擊，極富節奏之美。

「其靜也翕，其動也闢」，代表勢的開闔。形勢不利時，全然閉合以自保；形勢通暢後，積極開拓以利他。坤卦六三「含章可貞」、六四「括囊无咎」，即「其靜也翕」；六五「黃裳元吉」，〈文言傳〉「暢於四支，發於事業」，即「其動也闢」。

本章闡明乾坤皆有靜有動，就像占法中有少陽7、老陽9，以及少陰8、老陰6一樣，非常合理，一般陽動陰靜之說太粗泛。乾「其靜也專」，「專氣致柔」又有坤之象，陽中藏陰；「其動也直」，坤卦六二又云「直方大」，陰中蘊陽。由於陰陽互涵，動靜相依，所以乾坤交合能生生不息。

「廣大配天地，變通配四時」，「配」字值得研究。《說文解字》釋「配」為：「酒色也。」配酒、調酒至酒的顏色恰到好處。「配」字更早是用「妃」字，取女與己合之意，所謂「嘉偶曰妃（配），怨偶曰仇」。凡兩物相對，密切互動，進而結合成一體即稱「配」。豐卦（䷶）初九爻辭云：「遇其配主。雖旬无咎，往有尚。」〈小象傳〉稱：「過旬災也。」「旬」有均意，資源豐沛不宜壟斷，必須注重平均分配，否則必啟爭端，而釀後災。欲建豐功偉業，也得找人搭配合作，福同享，難同當，維持彼此關係的均衡。鼎卦（䷱）九二有云：「我仇有疾，不我能即。」〈小象傳〉稱：「終无尤也。」國家建設本宜朝野協力，卻因中央與地方爭權，難以和衷共濟，同志反目成仇。

既稱「配」，即非一物，除了期望和合生新外，仍得尊重彼此的獨立性。豫卦（䷏）〈大象傳〉：「作樂崇德，殷薦之上帝，以配祖考。」上帝無形無相，祖考有靈有貌。二者當然不同，但在隆重的祭天大典上，卻可以二者同祀，以崇德報功。同樣，廣大、變通、陰陽之義、易簡之善，均屬抽象的功能特性，與具象的天地、四時、日月、至德並不相同，但後者可以體現前者的含義，故而稱「配」。

科技進步，使現代人眼界大開，不再拘囿於傳統的天地觀，但廣大之義其實不受影響。〈繫辭傳〉原文是以乾坤談廣大，乾坤以天地取象，並非等同於天地，這點〈說卦傳〉已解釋得很清楚：「乾為天，為圜，為君，為父，為玉，為金……坤為地，為母，為布，為釜……。」「為」並非「是」，「as」不同於「is」。至於乾坤究竟是什麼？〈說卦傳〉的回答為：「乾，健也；坤，順也。」健、順只是兩種功能或勢用，配合得宜，可以開出三千大千世界，細若微塵，廣如星海，皆乾坤拓延之功。

若依熊十力先生見解，乾為生命、心靈，坤為物質、能力之總名，則乾坤合德，實有心物合一之義。廣大配天地，天地屬宇宙論（cosmology），廣大由乾坤互動而生，則具存有論（ontology）的色彩。

「變通配四時」，《易經》尚變，變的目的是為了通。古代農業社會最重視春、夏、秋、冬四季的變化，變易中又呈現不易的規律。革卦（䷰）〈彖傳〉稱：「天地革而四時成。」節卦（䷻）〈彖傳〉云：「天地節而四時成。」恒卦（䷟）〈彖傳〉稱：「四時變化而能久成。」豫卦、觀卦（䷓）之〈彖傳〉皆言「四時不忒」。乾卦〈文言傳〉推崇大人為「與四時合其序」。

「陰陽之義配日月」，日本身發光，月借日光，日似陽之義，月似陰之義。〈文言傳〉稱大人「與日月合其明」；離卦（䷝）〈彖傳〉稱「日月麗乎天」。恒卦〈彖傳〉則云：「日月得天而能久照。」

「易簡之善配至德」，〈繫辭傳〉首章專論易簡，結尾云：「易簡而天下之理得矣！天下之理得，而成位乎其中矣！」「至德」即中庸之德，見《論語・雍也篇》：「中庸之為德也，其至矣乎，民鮮久矣！」「易簡之善」是指什麼呢？為什麼說「配至德」？

《中庸》有云：「苟不至德，至道不凝焉。」「凝」即具體實現，結合為一，正與「配」之義相當。「至德」凝「至道」，「易簡之善」即為「至道」。

第七章　究竟涅槃

子曰：易其至矣乎！夫易，聖人所以崇德而廣業也。知崇禮卑，崇效天，卑法地，天地設位，而易行乎其中矣！成性存存，道義之門。

天高地厚

〈繫辭傳〉中記有許多孔子的言論，顯為孔門後學追述，本章是第一處。以「至」字來表達欽仰讚嘆之情，屢見於儒家的著述。「盛德大業至矣哉」，「易簡之善配至德」，「苟不至德，至道不凝焉」，「在止於至善」，「至誠如神，至誠無息」，孔子被尊稱為「至聖」。《中庸》最後一個字即「至」，所描繪的境界為：「上天之載，無聲無臭。」而其記述孔子的慨嘆：「中庸其至矣乎！」修辭語氣和本章全同。依此看，在夫子心目中，易和中庸幾乎可視為一事。〈繫辭傳〉首章結尾所云：「易簡而天下之理得，天下之理得，而成位乎其中矣！」亦為佐證。自古即稱《中庸》為「小易經」，與大《易》相表裡，確非虛言。

上章論「易簡之善配至德」，易為至道，必須透過人的實踐凝為至德，才對人生發揮功效，所以往下即談「崇德而廣業」。〈易傳〉德業並稱，已見前述之「進德修業」、「盛德大業」。「崇」為積土而成高山，「崇德」表示盛德非一日可致，須日新又新，方克有成。「崇德」是內聖功夫，「廣業」是外王事業。「崇德而廣業」，「而」作「能」講，內聖功深即能外王通達。《易經》卦序，復卦（䷗）之後為无妄卦（䷘），无妄之後為大畜卦（䷙），已充分說明此義。

「知崇禮卑」，分別以天高地厚取象，來闡明修行的標準和理想。「知」非僅指知識和智慧，而是指人與生俱來的良知，亦即「乾知大始」、「乾以易知」的「知」。「崇德」實即「致良知」、「明明德」，累劫修行至「止於至善」，就是天人合一的知崇境界。「禮」為人群社會互動的規範，防止各為己私而起紛爭，須切近人情而訂立，以養成人人謙卑守禮的習慣。乾以自強，坤以容物，乾坤合德，大業於斯開展。

《中庸》云：「致廣大而盡精微，極高明而道中庸。」此亦「知崇禮卑」之旨。大《易》臨、觀二卦，一體相綜。臨卦（䷒）二陽在下，臨人臨事，務切實際；觀卦（䷓）二陽在上，思想觀念極盡高明。「臨」雖務實，不廢思維，〈大象傳〉稱：「教思无窮。」觀雖精深，重視通俗，〈大象傳〉云：「省方觀民設教。」「知崇禮卑」其實是配套的修為，相須成體，不可偏廢。

「天地設位」的「設」字，用得絕好，和〈說卦傳〉的「天地定位」不同。「設」有預設、假設、暫時設置之意，並非絕對不可更改。效天法地，只是設、只是象，達意就好，不必執著拘泥。「易行乎其中」，有天有地就有互動，就生變化。「中」既指天地之中，又有時中之道的含義。《左傳·成公十三年》稱：「民受天地之中以生。」《易》卦以三、四爻居中，為人位。易行乎其中，實指人的作為而言，正是前面說的「崇德廣業」。

「至」字依《說文解字》的解釋，為「鳥飛從高下至地」，恰有從天至地、行乎天地之中之象。「易其至矣乎！」易行乎其中，用字象喻理，真是生動。

功德圓滿

《中庸》云：「成己，仁也；成物，知也；性之德也，合外內之道也，故時措之宜也。」仁與知是天生的德性，不假外求，稱為性之德。成己成物，己立立人，己達達人，即為成性，《中庸》亦稱為盡性。「存存」有永恒相，指不斷的存養功夫，亦指成性的效果，悠久無疆，歷劫不毀。

「存」字和「在」字不同，皆從「才」，「存」重「子」，「在」重「土」。重「土」表示當下眼前，強調現場感和真實性，如「在明明德」、「在親民」、「在止於至善」；或如乾卦的「見龍在田」、「或躍在淵」、「飛龍在天」。重「子」則放眼未來，企盼永續不絕，如《春秋》所稱「存三統」、浩氣長存；或如孟子所稱的「所過者化，所存者神」。

「成性存存」，得存而又存，以免墮落，可見修為之難。《大學》所謂「苟日新，日日新，又日新」。乾卦則稱自強不息，九三〈小象傳〉稱：「終日乾乾，反復道也。」

「道義之門」的說法很有趣，門是出入所必經，〈繫辭傳〉本身也有「乾坤為易之門」的說法。同人卦（䷌）初九〈小象傳〉「出門同人」，明夷卦（䷣）六四「于出門庭」，節卦九二〈小象傳〉「不出門庭，失時極也」，似乎皆鼓勵往外拓展。當然，出必以先入為前提。家人卦（䷤）初九：「閑有家，悔亡。」即有抬高門檻、森嚴門禁之意。〈說卦傳〉稱「艮」有門闕之象，「艮」為止欲修行，以化解人生險阻。觀卦（䷓）有大艮之象，外觀世相，內徹心源，更是修行悟道的不二法門。老子說：「玄之又玄，眾妙之門。」又說：「谷神不死，是謂玄牝；玄牝之門，是謂天地根。緜緜若存，用之不勤。」

「道」指天道，自然本具的規律；「義」指人事之宜，為所當為的判準。「道義之門」，一切天道人事的真理和智慧皆由此入，皆由此出。「成性存存」，一旦成就自性，功德圓滿，即可參贊天地之化育，樹立永恒的影響。六祖惠能在廣東南華寺所遺留的真身，歷時一千三百年不滅，輕敲還作銅器聲響，比起那些到處蓋銅像，以期不朽的梟雄人物，孰真孰幻？孰智孰癡？思之令人嗟嘆不已。

孟子論浩然之氣，有云：「其為氣也，至大至剛，以直養而無害，則塞於天地之間；其為氣也，配義與道，無是，餒也。是集義所生者，非義襲而取之也。行有不慊於心，則餒矣！」此段發揮精義甚多，足與本章之旨相參。

至大至剛之氣，充塞於天地之間，正是「天地設位，而易行乎其中」。「配義與道，無是，餒矣」，實即「成性存存，道義之門」。「直養而無害」，「人之生也直」，乾「其動也直」。坤卦六二爻辭云：「直方大。」〈文言傳〉稱：「直其正也。」各正性命，乃乾道變化所致，止於一為正。〈文言傳〉稱：「方其義也。」由自然之道出發，行人事之宜，遂能「不習无不利」。不受習染所汙，嗜欲淺而天機深。人皆有情，情若習氣橫發，不受性的節制，必然生害。咸卦（䷞）為下經論情之首，六二〈小象傳〉即云：「順不害也。」順性純情，才免縱情之害。九四「憧憧往來」，魂不守舍，須正心誠意，方得悔亡。〈小象傳〉稱：「未感害也。」

「行有不慊於心，則餒矣」，「慊」為快足之意。情由心生，心不快足，情必難安。旅卦（䷷）九四：「得其資斧，我心不快。」有錢、有武力，仍不快足，難以安心立命。艮卦（䷳）六二爻辭云「不拯其隨，其心不快」；九三云「艮其限，厲薰心」，皆為止欲修行中艱苦的試煉。

孟子主張「不得於心，勿求於氣」。依《易》卦來說，欲得於心，必得「反復其道，七日來復」，「復其見天地之心乎」！復卦（䷗）之後為无妄、大畜。无妄卦（䷘）保其固有，不假外求。大畜卦（䷙）〈大象傳〉稱：「多識前言往行，以畜其德。」二卦主旨，正是孟子所稱：「集義所生，非義襲而取之。」知言養氣做到了，即進入修養功深的頤卦（䷚），自養養人，「養正則吉」。「頤」為養生，「大過」為喪死，只要修煉得浩氣長存，養生喪死無憾。大過卦（䷛）之後為坎卦（䷜），習氣業障，永世沉淪；坎卦之後為離卦（䷝），「大人以繼明照于四方」。孟子稱「所惡有甚於死者」，即「坎」；「所欲有甚於生者」，即「離」。一旦突破了生死存亡的自然限制，即進入薪盡火傳、永垂不朽的文明境界。本章所稱的「成性存存，道義之門」；乾卦〈彖傳〉所謂的「大明終始，六位時成」，實即指此而言。

第八章　敬慎不敗

聖人有以見天下之賾，而擬諸其形容，象其物宜，是故謂之象。聖人有以見天下之動，而觀其會通，以行其典禮，繫辭焉以斷其吉凶，是故謂之爻。言天下之至賾而不可惡也，言天下之至動而不可亂也，擬之而後言，議之而後動，擬議以成其變化。

「鳴鶴在陰，其子和之；我有好爵，吾與爾靡之。」子曰：「君子居其室，出其言善，則千里之外應之，況其邇者乎？居其室，出其言不善，則千里之外違之，況其邇者乎？言出乎身，加乎民。行發乎邇，見乎遠。言行君子之樞機，樞機之發，榮辱之主也。言行，君子之所以動天地也，可不慎乎？」

「同人，先號咷而後笑。」子曰：「君子之道，或出或處，或默或語。二人同心，其利斷金，同心之言，其臭如蘭。」

「初六，藉用白茅，无咎。」子曰：「苟錯諸地而可矣！藉之用茅，何咎之有？慎之至也。夫茅之為物薄，而用可重也，慎斯術也以往，其無所失矣！」

「勞謙，君子有終，吉。」子曰：「勞而不伐，有功而不德，厚之至也，語以其功下人者也。

德言盛，禮言恭，謙也者，致恭以存其位者也。」

「亢龍有悔。」子曰：「貴而無位，高而無民，賢人在下位而無輔，是以動而有悔也。」

「不出戶庭，无咎。」子曰：「亂之所生也，則言語以為階。君不密則失臣，臣不密則失身，幾事不密則害成，是以君子慎密而不出也。」

子曰：「作《易》者，其知盜乎？《易》曰：『負且乘，致寇至。』負也者，小人之事也；乘也者，君子之器也。小人而乘君子之器，盜思奪之矣；上慢下暴，盜思伐之矣。慢藏誨盜，冶容誨淫。《易》曰：『負且乘，致寇至。』盜之招也。」

擬議成變

本章選錄了七個爻，全為孔子的教學心得，以證成首段有關象和爻的理論。〈繫辭下傳〉第五章還引用了十一個爻，但未有前言；〈繫辭上傳〉末章有一爻，多半為錯簡。總計今本〈繫辭傳〉，共引錄了孔子對十九個爻的看法，皆精湛扼要，發人深省。〈繫辭傳〉應為孔門後學所作，設想若將孔子當年所有的解說盡皆錄存，當是多大的功德？《帛書易》出土，在〈易之義〉、〈二三子問〉等傳文中，又出現不少孔子對爻辭的解釋。除乾坤各爻不及〈文言傳〉所釋精密外，也約有十爻尚屬新見，未與今本〈繫辭傳〉重複，但意境皆嫌不高。看來，今本〈繫辭傳〉所錄還是經過錘煉、揀選的，代表孔子晚年思想成熟後的產物，值得後人一再品味和深悟。

「賾」字為複雜幽深之意。天下事形形色色、無奇不有，很難以簡單的理論去概括說明。《易經》的作者發明了惟妙惟肖的卦象，去比擬其形態和樣貌，抓住其神韻與節奏，恰如其分地呈現出事實的真相。天下事變動萬端，息息相關，不易料理周全。《易經》的作者卻能以積爻成卦的原理，仿真其互動，研究出共通的法則，並以精簡的爻辭判斷吉凶。

卦代表宏觀的整體情境，總呈相對穩定。爻則凸顯微觀的個體意向，可能千變萬化。「天下之賾」，《易經》分類為六十四卦，已經頗為詳盡。「天下之動」，牽涉太廣，可就不只是三百八十四爻了！每一卦透過單爻至六爻變，均可變成另外六十三卦，依《焦氏易林》的說法，可有四千零九十六種變化類型。「觀其會通」，「會通」即變動時各種意向及力量的會聚，其總合效果為何，必須深入觀察研究。「行其典禮」，「典禮」即常道常法，觀察透徹後所得出的結論，化為行動準則，便能趨吉避凶。

觀而後行，決不在情況未明之前輕舉妄動，故言「不可惡」、「不可亂」。人在面臨複雜情勢時，千頭萬緒不得其解，最容易起厭煩心，憂懼不可終日。易理的思維訓練，確可造就人平和心氣、冷靜觀察的功夫。〈雜卦傳〉云：「蒙，雜而著。」「而」即「能」，再混沌不清的情況，也能徹底明白，其關鍵即在心思的專注無擾。蒙卦（䷃）卦辭所稱：「初筮告，再三瀆，瀆則不告，利貞。」心思煩瀆厭惡，占卦也得不出標準答案。「不可惡」，才能「言天下之至賾」。

觀察清楚後，並非就可立即行動。必須先確保本身安全，立於不敗之地，然後等待最恰當的時機出手，一舉成功，且無任何後遺症。這就需要一套擬議的工夫，集思廣益，計出萬全。例如，解卦（䷧）是要解決難題，卦爻辭即教導人沉著冷靜，先不做任何反應，待深入了解問題癥結後，再暗中部署，慢慢解套，取得絕對優勢，最後瓜熟蒂落，水到渠成。其卦辭云：「利西南。无所往，其來復吉，有攸往，夙吉。」致虛守靜，順勢用柔，從無所往到有攸往，次序井然，一絲不亂。

再如夬卦（䷪）五陽決一陰，實力懸殊，似操必勝之券。而卦爻辭的旨意，仍不主張立刻行動，反而先召開內部會議，消弭矛盾，建立共識，才全力出擊。卦辭所稱：「揚于王庭，孚號有厲，告自邑，不利即戎，利有攸往。」可謂人生做重大決策的極佳範例。「擬之而後言，議之而後動」，無論居劣勢或優勢，都別打沒把握的仗。「擬議以成其變化」，人事興革曰變，天道轉移曰化，由於思慮周密，行動審慎，在「至賾」、「至動」的形勢下，終獲成功。

人道精神

「鳴鶴在陰」是中孚卦（䷼）九二的爻辭，意境極美，音韻節奏有《詩經》的風情。爻位當山下澤中，在陰而不在陽，在野而不在朝，故孔子以「居其室」喻之。稱「鳴鶴」，不稱「鶴鳴」，也是修辭的藝術，由於在陰不明顯，所以旁人先聽到鳴聲，覺得好聽，再仔細一看，原來是鶴。「其子和之」，一鳴一和，洋溢著親子之間最自然的交流和感動，這也正是「中孚」二字的本義，誠於中形於外，與生俱來，不學而能。

「爵」是酒器，多製成鳥的造型，「好爵」表示裝有美酒。「靡」有望風披靡、傾心醉倒之意。我有美酒，願意與知音共享同醉。中孚卦（䷼）上巽為風，下兌成悅，正是聞其風而悅之，法喜均霑之象。孔子稱出其言善，則千里之外應之，況其近者乎？善言感人，近悅遠來，真理不會寂寞。出其言不善，則遠近皆違，任誰也不接受。由言推到行，自然也是如此。

尤其是那些負社會清望，或居高位領導群眾的人，一言一行動見觀瞻，影響重大，更得謹言慎行，以免造成負面示範。「樞」是門樞、戶樞，控制門戶的開闔，稍一旋動，即造成截然不同的結果。「機」如弩箭發射之機，一旦擊發，再難挽回。君子之言行就像樞機之發，發而中節，遠近響應；發而失當，自取敗辱。言行能動天地，改變周遭的大環境，必須慎之又慎，擬議再擬議。

「先號咷而後笑」為同人卦（䷌）九五爻辭，後面還有「大師克相遇」的補述。九五和六二中正相應與，實屬天造地設的絕配。卻因九三圖謀染指、九四騎牆觀望，橫生枝節，還是靠了以堅強的實力震懾，終獲結合。先號咷痛哭，後破涕為笑，歷經艱辛考驗才達到目的，可見同人不易。

旅卦（䷷）上九爻辭有云：「旅人先笑後號咷。」過程和結果與同人九五正相反。依〈雜卦傳〉所釋：「同人，親也……親寡，旅也。」「同人」親愛精誠，主張四海之內皆兄弟，突破族群藩籬；「旅」則異域漂泊，難以落地生根。先笑後號咷，真是難堪的流浪者之歌。

「同人」究竟同什麼呢？孔子明確告訴我們在於「同心」，所謂人同此心，心同此理，這已超越了外在言行的層次。只要同心同德，其利足以斷金，出處語默都不影響彼此的信念和情誼。二人同心所說出來的話，有如蘭花般的清香。

咸卦（䷞）〈彖傳〉云：「天地感，而萬物化生；聖人感人心，而天下和平。」人心共同的企盼就是沒有戰爭，永享和平。孟子所謂：「不嗜殺人者能一之。」又稱：「天下莫不與也。」說的正是同人、大有之義。二卦卦名貫串起來，不就是大同嗎？咸卦為下經之首，詳論人道之前，先揭櫫天下和平的大義，可謂用意深遠。

同樣，上經第一卦乾卦明天道，〈彖傳〉結語為：「萬國咸寧。」又言：「雲行雨施，品物流形。」皆為倡導和平、共存共榮之義。但理想歸理想，第二卦坤言地勢，就有迷失的可能。上六陰陽相抗，「龍戰于野，其血玄黃」，又成殘殺慘烈之局。「野」若象徵廣大荒遠的人跡所至之處，「龍戰于野」即為世界大戰之象，生靈塗炭，無一倖免。同人卦倡言「同人于野」，希望透過族群融合，喚醒人的良知，締造世界和平。

然而和平非一蹴可幾，在族群矛盾未徹底化解以前，仍不得廢弛武備，故而同人九五仍有「大師克」之象。先號咷而後笑，王道樂土的建立，恐怕還須經過霸道「尊王攘夷」的歷程。

出生入死

「藉用白茅」為大過卦（䷛）初六爻辭，用白色的茅草鋪在地上，就可不受咎責，這是什麼意思呢？孔子說，直接把東西放在地上就好了，體貼的人還懂得先鋪上白茅草，再放東西，真是敬慎周到之至，必能贏得他人的好感。茅草路邊就有，不是什麼貴重難求之物，就地取材，卻能發揮極大的作用。人若能慎持這種方法去奮鬥，永遠也不會失敗。

大過為極度凶險、瀕於崩滅之卦，與其滅頂於終，不如慎之於早。初爻謹小慎微，周到防護，其意不難理解，但白茅鋪地，上面究竟要放什麼東西呢？不僅經文未提，孔子也沒講清楚。舊注多以放祭祀用的供品釋之，揆諸卦象卦理，也說得通。「大過」為非常時期，宜有權變措施，下巽有聞風而伏之象。人在急難當頭、負荷不了之時，常有呼天搶地之舉，藉著拜拜的儀式，而獲心安。荒郊野外，臨時有此需要，既無廟堂香案，只能拔路旁的茅草，掃掃地面，權充供桌了。就像回教徒一樣，隨時隨地準備一張毛毯，禮拜時對著聖地麥加的方向祈禱。然而，經文原意真是如此嗎？

《詩經・召南・野有死麕》全文：「野有死麕，白茅包之；有女懷春，吉士誘之。林有樸樕，野有死鹿；白茅純束，有女如玉。舒而脫脫兮，無感我帨兮，無使尨也吠。」這首詩明寫青年男女野合之事，白茅的意象一再出現，墊在地上的白茅，可是情郎急欲之際仍體貼所致？果能如此，自然能討少女歡心。大過卦上兌下巽，有入而後悅之象；初六爻變成夬卦，「剛決柔」，「不利即戎……利有攸往」。〈小象傳〉云：「柔在下也。」明顯說的是初六順承九二，而九二爻辭稱：「老夫得其女妻，无不利。」〈小象傳〉云：「過以相與也。」情色之象昭著。

其實，大過六爻皆涉男女歡愛之事，有的明顯，有的隱晦。九五「老婦得其士夫」，年齡相差懸殊，非常之戀自不必說。上六「過涉滅頂」，凶而无咎，實即縱欲過度，牡丹花下死，做鬼也風流。其爻變為姤卦（䷫），卦辭稱：「女壯，勿用取女。」不遵此戒，依卦序由大過入坎矣！

三、四兩爻為人位。九三過剛，「棟橈凶」；九四以柔濟剛，「棟隆吉」。「棟」是什麼？若徹底了悟大過一卦，有縱欲傷生及死裡求生的深意，則可知「棟」實為生機所在，為人道的象徵，也就是陽根。「棟橈」難行人道，「棟隆」才可陰陽和合。九三爻變為困卦（䷮），澤無水，陰陽難諧；九四爻變成升卦（䷭），地泉源源而出矣！

大過一卦為何盡言男女之事？頤卦（䷚）言養生，大過卦言喪死，皆為孟子所看重的人生大事，養生喪死無憾，才是王道之始。養生首重飲食，頤卦以靈龜和猛虎為喻，闡明食物鏈中的供需生態，大快朵頤，其欲逐逐，描繪生與食的關係，至為深刻。喪死則飲食已無能為力，只有男女交合，生育下一代，才有延續精神生命的意義。故而大過卦顛鸞倒鳳，「枯楊生華」、「枯楊生稊」，愛與死的糾纏，令人驚嘆。

謹言慎行

「勞謙」為謙卦（䷎）九三爻辭，有實力而止之於下，謙讓不爭，能有最好的結果。謙卦卦辭云：「亨，君子有終。」和爻辭同調，可見九三為全卦宗旨所在。

「謙」為言之兼，發言必兼顧多方立場及感受，故能贏得他人好感，化解許多無謂的衝突。「伐」是誇耀、自我膨脹，最易令人反感。顏淵所謂：「願無伐善，無施勞。」辛勤做事，卻不誇張自己的勞苦；成事有功，卻不自以為德。這才是厚道到了極點，不居功還甘居人下。功德盛大，待人謙恭有禮，謙卦的要旨正是將恭敬的精神發揮到極致，只有這樣，才能永遠保持其地位。

謙為全《易》中極好的卦，卦爻無一不吉，除孔子特別推重外，《老子》五千言亦無處不表彰謙的精神。「生而不有，為而不恃，長而不宰。」「功成而弗居，夫唯弗居，是以不去。」「不自伐，故有功；不自矜，故長。夫唯不爭，故天下莫能與之爭。」儒道兩家最具有原創性的思想，在此有了交會點。

九三爻變成坤卦，厚德載物，乃終有慶，至哉坤元，萬物資生。孔子稱「勞謙」為「厚之至」，確實允當。坤卦六三爻變為謙卦，其爻辭云：「含章可貞。或從王事，无成有終。」无成才能有終，勞而能謙，是人生最上乘的智慧。

「亢龍有悔」為乾卦上九爻辭，姿態過高，剛愎自用，和謙卦的低調正相反，必生咎悔。勞謙「存其位」，亢龍卻「貴而無位」。勞謙萬民服，亢龍「高而無民」，下有賢人也說不進話，幫不上忙。這種自絕於群眾的作法，當然「動而有悔」。孔子此處的解釋和〈文言傳〉中完全相同，一字不差。滿招損，謙受益，物忌盛滿，從「飛龍」走上「亢龍」之路，古今中外葬送了多少梟雄人物？

「不出戶庭」為節卦（䷻）初九爻辭，前有九二擋道，潛龍之位不得妄動，須特別節制才能無咎。人生許多禍亂，皆由出言不慎所致。領導人口風不密，會失去幹部的信任；幹部不守密，甚至可能有殺身之禍。事情的機密一旦洩漏，一定會帶來失敗，所以有智慧的人做事，絕對謹慎周密，守口如瓶。初九爻變成坎卦（䷜），正成洩底之象，原本澤上有水，遂氾濫成災矣！〈小象傳〉云：「不出戶庭，知通塞也。」當通時通，當塞時塞，而節之初九乃當塞之時。

「負且乘」為解卦（䷧）六三爻辭，揹著沉重的包袱坐車，不懂得將包袱放下，實在不知變通，不合時宜。「致寇至」，這樣冥頑不靈的人必有弱點，會引起外敵覬覦入侵。解卦的主旨是要解脫包袱，尋求和解。六三執著太甚，反而引發了戰機。冤家宜解不宜結，人間多少紛爭與憾事，即由「負且乘」而生。爻辭尚有「貞吝」二字，固守過時的包袱以行事，自以為正，路子卻愈走愈窄。〈小象傳〉云：「負且乘，亦可醜也；自我致戎，又誰咎也？」嚴厲批判，毫不同情。

孔子由此爻闡發人間寇盜之事的由來，認為《易經》的作者深知此理。古代階級森嚴，一般小民揹著包袱在路上走，做官的才有車坐。又揹包袱又坐車，顯然角色錯亂。小人而居高位，表現無法稱職，當然就有外敵想把他拉下來。一個團體裡，居上位的人輕忽傲慢，在下位的人狂暴無理，貽人可乘之機。這就像看守倉庫的人失職，引誘強盜去搶；或者像女人打扮得妖裡妖氣，遭人強暴一般，完全咎責在己，不能怨人。

以上七爻皆提醒人謹言慎行，正合擬議而後言動之意。中孚卦九二云「可不慎乎」，大過卦初六云「慎斯術也以往」，節卦初九云「慎密而不出」。真心為「慎」，人對真正關懷的對象，一定敬慎護持，設想周到。中孚卦的親子情懷，同人卦的金蘭之義，乃至大過卦的非常男女，都是一片真情流露。人應謙和處世，勿驕勿慢，勿妄言生亂，勿揹過時的包袱以生仇怨，致罹寇災。

第九章　神機妙算

天一地二，天三地四，天五地六，天七地八，天九地十。天數五，地數五，五位相得而各有合。天數二十有五，地數三十，凡天地之數五十有五，此所以成變化而行鬼神也。

大衍之數五十，其用四十有九，分而為二以象兩，掛一以象三，揲之以四以象四時，歸奇於扐以象閏，五歲再閏，故再扐而後掛。

乾之策二百一十有六，坤之策百四十有四，凡三百有六十，當期之日。二篇之策，萬有一千五百二十，當萬物之數也。

是故四營而成易，十有八變而成卦，八卦而小成，引而伸之，觸類而長之，天下之能事畢矣！顯道神德行，是故可與酬酢，可與佑神矣！子曰：「知變化之道者，其知神之所為乎？」

天地大衍

本章闡述占筮之法，除操作程序外，亦略及其理論基礎和發揮運用，使上古占法得以流傳於世，是非常寶貴的一篇文獻。然而新出土的《帛書易傳》卻沒有這章，其意義為何，頗耐人尋味。

本章的內容自古亦多爭議，迄今仍難有定論。易占為易學中特具魅力的領域，習占用占者眾，而占卦的理論機制為何，因為什麼可料事如神？卻沒有人真正說得上來。

「天地之數五十有五」，「大衍之數五十」，其中的差數五是什麼意思？單單這個問題，就把人難倒。舊說中各種講法都不愜人意，有硬掰的意味。有人說，五十五沒法算，五十減一成四十九後，依法才可得出揲四以後的六、七、八、九之數，這未免倒果為因。又有人主張，「大衍之數」就是天地之數，五十後面脫文「有五」二字，如此一來，演算時就不是虛一不用，而是虛六不用了。虛六有何意義？除了與一卦周流六虛的爻位相合外，也找不出其他圓融的說法。

我想既然名稱相異，又缺乏確鑿證據，實不宜將二數混同。天地之數出乎自然，由一到十的自然數，分奇偶陰陽所合成；大衍之數則有人為的設計，本於天地之數而有所裁量。泰卦（䷊）〈大象傳〉云：「天地交泰，后以財成天地之道，輔相天地之宜，以左右民。」《尚書・皋陶謨》稱：「競競業業，一日二日萬幾；無曠庶官，天工，人其代之。」大衍之數的占法，明顯和記錄四時變化的曆法有關。曆法的制定是順天應人而成，故革卦（䷰）〈大象傳〉云：「君子以治歷明時。」革卦人革天命，最標榜人事的積極主動性。自然天時的運轉有歲差，人的曆法中以置閏校正之。實在來說，大衍之法中，虛一不用以象太極，分而為二，以象天地或兩儀，掛一以象天地人三才，揲四以象四時，是以太極為基礎，非常完整的天地人時的模擬循環。亦合乎老子所稱「道生一，一生二，二生三，三生萬物」的發展程序。尤其不可忽略「掛一以象三」，顯示人在全局中的關鍵地位，大衍之數和純自然的天地之數，應有不同。

「衍」字為水之行，有水朝宗於海之象，江河九曲，終向東流，順勢用柔，躋於成功。〈繫辭上傳〉第四章所稱「旁行而不流」、「範圍天地之化而不過，曲成萬物而不遺」，「衍」字皆有其義。自然界物種的演化，社會中人事的興革，乃至人內心中意念的起沒，皆可知機因勢而推演出，故曰「大衍」。孔子讚歎：「唯天為大，唯堯則之。」人懂得取法天道，便能自成其大。老子則稱：「人法地，地法天，天法道，道法自然。」老子又云：「道大，天大，地大，王亦大。域中有四大，而人居其一焉。」大衍云云，實為天人參合之後的產物。

「揲」字，《說文解字》釋為：「閱持也。」閱為更迭數之，既得其數而持之，即為揲。「扐」字本義應為兩指之間，引申義則代表揲四後的餘數。「分而為二」的動作很隨機，無法主觀操控，卻幾乎已決定一變的最後結果。「掛一以象三」，依自古流傳的筮法，習慣自分二後的右半邊取策，而非左半邊，往後十八變皆然。若自始及終即從左邊取策呢？確實有可能出現不同的結果，這代表什麼意義呢？掛一有方向性，並非左右均衡？一般看手相有男左女右的說法，難道占法也有？掛一既象徵三才中的人位，人即分男女，古代多為男人問占，所以皆從右邊取策嗎？這些恐怕都還是有待解決的問題。

乾之策、坤之策，乃至上下經二篇之策的計數，一年三百六十日，一萬出頭當萬物之數云云，實在意義不大。占法和曆數有關，但為何可以這樣設計，又鑽研不出頭緒。倒是在實占經驗中，不少卦例能精確地預示應驗期間，如十二消息卦等等。易占的玄妙機制，真是令人魅惑。

分二、掛一、揲四、歸奇，四道操作程序決定一變，三變定一爻，十八變成一卦。大衍占法通常十分鐘內可得出一卦，比起後世流行的金錢卦要繁複，但透顯出的訊息往往豐富而深刻。理論上，占法可電腦程式化，分二的部分以隨機數處理即可，如此，則按鍵數秒鐘即可得出答案。就我所知，已有不少人做此嘗試，但似乎應用未臻完善，不知問題出在哪裡？

爻變卦變

成卦之後，接著要考慮可能變卦的問題。卦的變化自然由爻的變化而生，整體環境的變動，繫於其中全部個體意向及動向之總和。《焦氏易林》的64×64＝4096的變化類型，即根據於此。但自然的演化及人事的興革，似乎還沒有這麼簡單：個體的意向有趨變、有守常，趨變的力度和能量，也並不一致，如何做出最準確的評估，真是煞費思量。再者，人千算萬算，不如老天一算。許多大環境的變動，還有超過一切主觀預期的。所有這些影響變動的因素，都使易占的變卦法格外艱難而複雜。

茲舉一卦占為例：這是我占公元兩千年的臺灣經濟情勢之卦。依大衍之法，十八變後，過揲之數依序為9、8、9、8、8、6，為地火明夷卦（圖左）。卦辭云：「利艱貞。」一日暮昏黃，窮途潦倒，傷筋動骨，極為痛苦難熬。初九、九三、上六為不穩定的老陽或老陰，可能轉變為穩定

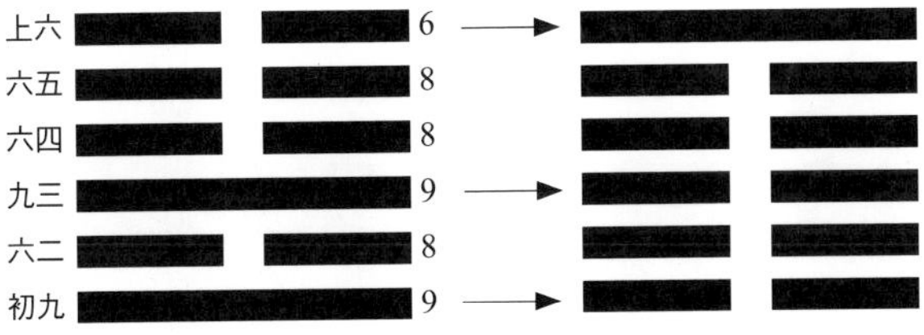

明夷卦　　剝卦（三爻齊變）

的少陰或少陽。但這三個變爻究竟會怎麼變，對全卦又會造成什麼影響呢？若依《焦氏易林》的邏輯，三爻齊變，為山地剝卦（圖右）。底層幾近掏空，資源流失殆盡，呈現岌岌可危的局面。明夷之剝，卦象之壞，完全料中了當年的情勢。但何以致之？從這三個變爻中能否看出端倪呢？

依高亨（一九〇〇—一九八六，著名古文字學家、文化史學家、訓詁學家）的獨到看法，這時就用上了天地之數。五十五為代表自然的極數，爻的過揲之數總和，在三十六到五十四之間，決不會超過五十五。這意味人智再怎麼精密運算，也不可能違反自然、超越自然。以五十五減去六爻過揲數之總和，以所得的差數，來檢測宜變的爻位，決定大環境變動的時機。

以本占例而言，六爻過揲數之總和為四十八，五十五減四十八，得差數為七，由初爻往上數、再由上爻往下數的第七位，恰恰為上六，上六為老陰可變。宜變的時位與可變的爻結合，表示上六為最重要的變數，必然發生變化，並進而影響全卦的動向。依例，以明夷卦上六爻辭斷占：「不明晦，初登于天，後入于地。」〈小象傳〉云：「初登于天，照四國也；後入于地，失則也。」

明夷卦上六即全卦禍源所在，造成全局蒙難的黑暗中心，本為失勢的大老之位，卻蠻橫主導政局發展，居高臨下，陰影籠罩一切。「初登于天，後入于地」，正是先盛後衰，日出復日落之象。之所以如此，是由於失去了應有的合理規範，「失則」的「則」，實則天則、自然律。在乾卦〈文言傳〉中，以「乾元用九，乃見天則」釋之。換言之，群龍無首，眾生平等，才合乎自然界的最高法則。明夷卦上六以獨夫宰制社會，使生靈塗炭，應受強烈譴責。

上六爻變，成山火賁卦（䷕）。「賁」為虛飾的官樣文章，上六的所作所為，是以政治力粉飾太平，例如以各種名目的基金為股市護盤，以戒急用忍阻礙兩岸三通之類。這些都扭曲或違反了經濟市場的自然規律，以看得見的手，掣肘「看不見的手」。一旦勉力支撐的力道一失，推得高也跌得重，全民為此付出慘重代價。

上六是罪魁禍首，影響重大，那九三和初九呢？雖有變動可能，未值宜變時位，屬次要變數，影響較小。九三爻辭云：「明夷于南狩，得其大首。不可疾。貞。」「大首」即禍首上六，必須徹底剷除，才重獲光明。以下伐上，故稱「南狩」以避諱之。九三深富潛力，亦明知上六之害，但在此占中變革的力道不足，被上六壓制住，十分可惜。

初九爻辭云：「明夷于飛，垂其翼。君子于行，三日不食，……主人有言。」初九代表廣大的民間基層，在上六錯誤領導的肆虐之下，經濟不但不能起飛，還受到嚴重的挫傷。財務吃緊，周轉不靈，必須到處奔走，求援紓困。受盡冷嘲熱諷，生計之苦，難以言狀。

分析至此，我們已很清楚本占「明夷之剝」的變化機制。既然本土民不聊生，經濟活力受制於政治干預，依市場生存法則，資金、技術、人才當然大量流失。更妙的是剝卦恰為十二消息卦之一，時當陰曆九月，即當年陽曆十月左右，臺灣經濟的各項指標，因「核四」政爭陡直下降，一瀉千里，又明示了「初登于天，後入于地」的逆轉時機。即便以明夷卦衡量，卦氣亦當陰曆九月中，換言之，卦象早已測出劇烈變動的時間點，似乎在劫難逃。

高亨這套決定爻變及卦變的方法，據稱由苦參《左傳》、《國語》中諸多筮例而來。尤其是本章首段末句：「此所以成變化而行鬼神也。」更觸發了他的靈感。五十五的天地之數，正是用來決定宜變爻位的基準。本章結尾引用孔子的話說：知變化之道，就知道神之所為。〈繫辭上傳〉第五章云：「一陰一陽之謂道……陰陽不測之謂神。」〈說卦傳〉則稱：「神也者，妙萬物而為言者也。……然後能變化，既成萬物也。」「道」是最高存在的本體，「神」則是道的妙用，也就是變化生成萬物的大能。本章末段所言，實即成卦之後的變化問題。所謂「顯道神德行」，彰顯真理，透過人的實踐，將其妙用徹底發揮出來。在筮法的操作上，即以天地之數來貞定卦爻的變化。

「五位相得」，指天地奇偶之數的相得益彰，即對立統一、相反相成的觀念。天一與地二相得、天三與地四相得……「各有合」，指天數、地數各自相加，故而得出二十五、三十之數，總合即為五十五。〈說卦傳〉云：「參天兩地而倚數。」「參」、「兩」應即參伍錯綜、參合交錯之意，「倚數」即立數，指的正是天地之數的形成。「觀變於陰陽而立卦，發揮於剛柔而生爻。」可見天地之數，確實和卦爻的變化有關。

引申觸類

「四營而成易」，四次操作成一變；「十有八變而成卦」，照講所成之卦已為六畫卦，怎麼又稱「八卦而小成」呢？傳統的解釋多以三畫卦的八卦為小成，經引申觸類後，六畫卦的六十四卦為大成，可描摹盡天下之能事。但我怎麼看這段文字，都不像在說重卦這樣簡單的事，而應該是在探討成卦之後的變卦問題。換言之，〈繫辭傳〉本章的首尾二段是相互呼應的。不然，成卦後仍無法確定最後的動向，要如何斷卦呢？演卦容易斷卦難，〈繫辭傳〉既有專論占法一章，必然涉及判斷問題，而天地之數就是其中的關鍵。

此處所謂的八卦，應即六十四卦的代稱。其實，全部〈易傳〉從未提過六十四卦，概以八卦稱之。十八變後所得卦象，還未必是最後結果，故稱「小成」。除了援用天地之數，來找出「宜」變爻位外，還有許多複雜的考量，如可變之爻（9、6）有幾個、和宜變爻位合不合，以及如何斟酌權變等。這些變化很難制式規範，須斷占者「引申」其義，「觸類」旁通，做出最後的綜合判斷。有時以本卦卦象、卦辭為主，有時以變卦卦象、卦辭為主，有時須合參兩卦以定奪。若可變之爻恰值宜變爻位，又須以該爻爻辭為主，其它變爻爻辭為輔。若可變之爻超過三個，則數爻齊變，而導致卦變的可能性即增大。變爻愈多，本卦愈難維持穩定，在群體求變的推力下，值宜變爻位之變爻便漸失其重要性，該爻爻辭亦僅供參考而已。

因此，爻變、卦變所造成的變化類型，雖然理論上應為四千零九十六種，判斷時所須考量的因素，卻遠比《焦氏易林》的陳述複雜。這大概也是許多人的實占經驗中，《易林》的準確率偏低，甚至很離譜的原因。《易經》的卦爻辭集眾智而成，千錘百鍊，精密無比，當然不是焦延壽一人逞意構畫，所能望其項背。

「顯道神德行」，斷卦不僅是科學，還是門藝術。境界夠了，足以彰顯真理，更能精練我們的思維，提升我們的行動能力，使我們在人際間應對自如，處理難題都能迎刃而解。「酬酢」本是賓主間相互勸酒之意，引申為人事互動。「可與酬酢」，一旦精熟了爻變、卦變的各種變化，碰到任何情境，都能找出恰當的對策。「可與佑神」，即藉由我們的高明實踐，進一步改造而豐富了自然，也就是《中庸》所謂「贊天地之化育」之義。

神代表自然造化之妙，一般趨吉避凶，都說祈求神佑、天佑。大有卦（䷍）上九所云：「自天佑之，吉无不利。」從自助、人助談到天助，已經是極高境界。這裡卻氣勢更大，靠著人的作為，還要反過來去佑神，去協助自然！《尚書》講：「天工人其代之。」泰卦（䷊）〈大象傳〉稱「財成」、「輔相」。〈說卦傳〉云：「昔者聖人之作易也，幽贊於神明而生蓍。」乾卦〈文言傳〉稱「先天而天弗違。」都充分凸顯了人能人智的積極主動性，大衍之數之所以不同於天地之數。前述變爻愈多，由天地之數決定的宜變爻位，亦非絕對的限制，仍應以數爻齊變的眾意為主，實亦反應了這種剛健進取的精神。

以上本章論述，重在占法中天人觀念的疏通，和一些關鍵問題的探討，不著意於逐字逐句的翻譯，以及基本占法程序的說明。有關這些部分，請參考高亨《周易古經通說》第七篇——〈周易筮法新考〉，還有拙著《易經與現代生活》三、四兩章〈占卜玄機〉（上、下）以及《易斷全書》（上、下），都有詳盡的介紹。

第十章　通志成務

《易》有聖人之道四焉：以言者尚其辭，以動者尚其變，以制器者尚其象，以卜筮者尚其占。是以君子將有為也，將有行也。問焉而以言，其受命也如嚮。無有遠近幽深，遂知來物，非天下之至精，其孰能與於此？參伍以變，錯綜其數。通其變，遂成天下之文；極其數，遂定天下之象。非天下之至變，其孰能與於此？《易》無思也，無為也，寂然不動，感而遂通天下之故。非天下之至神，其孰能與於此？夫《易》，聖人之所以極深而研幾也。唯深也，故能通天下之志；唯幾也，故能成天下之務；唯神也，故不疾而速，不行而至。子曰：「《易》有聖人之道四焉」者，此之謂也。

心嚮往之

本章論《易》之用，先以辭變象占分述，繼而推崇至精、至變、至神，最後歸結於極深研幾，通志成務。行文流暢優美，令人神往。

聖人作《易》，君子習《易》；言聖人之道，即表示作《易》者的構思和用心。《易經》的文辭精練深刻，尤其爻辭更是達意的傑作，可作為表述思想、鋪陳理論的範本。《易經》卦爻間的變化錯綜複雜，息息相關，可作為戮力行動時的參考。《易經》的卦象摹擬自然而生，蘊含許多創造發明的原理。《易》占精準神妙，可助人預測未來。

「制器尚象」，詳細的內容及例證見〈繫辭下傳〉第二章。人類文明史上的許多創造發明，與《易經》、易象暗合；深悟易象，可以激發製作的創意和巧思。「尚」字須活看，指的是師其意，而非師其法。「尚其辭」、「尚其變」、「尚其象」、「尚其占」，皆非拘泥定式，而是融會貫通後的活學活用。

「尚」字也是《易經》經傳的常用字，《說文解字》釋為：「庶幾也。」見賢思齊，心嚮往之。老子云：「知我者希，則我者貴。」希聖希賢，表示成聖成賢者畢竟是少數，可以發願追求，未必能至。「尚」字從八從向，八象氣之分散，人各有所尚，各有所求。人生因夢想而偉大，得償所願是「既濟」，願欲未償為「未濟」。一個「尚」字，真是觸人衷腸，微妙已極。

《周易》尚什麼呢？泰卦（䷊）九二「尚于中行」、蠱卦（䷑）上九「高尚其事」、坎卦（䷜）「維心亨，行有尚」、豐卦（䷶）初九「往有尚」、節卦（䷻）九五「往有尚」。訟卦（䷅）〈彖傳〉「尚中正」、小畜卦（䷈）〈彖傳〉「尚往」、大畜卦（䷙）〈彖傳〉「尚賢」、豐卦〈彖傳〉「尚大」、剝卦（䷖）〈彖傳〉「尚消息盈虛」。觀卦（䷓）六四〈小象傳〉「尚賓」、大壯卦（䷡）九四〈小象傳〉「尚往」、損卦（䷨）初九〈小象傳〉「尚合志」。

辭、變、象、占的四分法，亦見於〈繫辭上傳〉第二章：「君子居則觀其象而玩其辭，動則觀其變而玩其占。」精研思想理論，以創造發明，悉心預測，以決策行動。君子習《易》，一觀一玩，正是「尚」的精神表現。

受命如嚮

談完「四尚」後，接著講「三至」。「尚」是心嚮往之，「至」是真至做到。「至」字依《說文解字》，本義為「鳥飛從高下至地。」代表坤卦涵藏眾生、落實理念的精神，有配合無間之義。坤卦〈彖傳〉云：「至哉坤元，萬物資生，乃順承天。」〈文言傳〉云：「坤至柔而動也剛，至靜而德方。」初六爻辭稱：「履霜堅冰至。」六五〈文言傳〉稱：「美在其中，而暢于四支，發于事業，美之至也。」全部與「至」字有關。

不僅坤卦言「至」，乾卦九三〈文言傳〉亦云「至」：「知至至之，可與幾也。」九三為人之正位，終日乾乾以行天道，就是為了落實理念。爻變成履卦（䷉），腳踏實地，意義更為顯豁。〈繫辭下傳〉第七章論憂患九卦，以「履」為首，稱「和而至。」人生天地間，諸般履歷試煉，總期待以和平的方式而達到目的。

四尚中，「卜筮尚占」居最後，大有「善易者不占」之意。但往下講的至精、至變、至神，似乎又針對占筮而發。「是以」二字，承上啟下。辭變象占既為聖人之道，君子習《易》，自然靈活運用，將有所作為和行動之前，敬慎問占，以謀定奪。「受命如嚮」，是說意之所往，都能充分反映在卦象中。「如」即佛經所云「如法」、「不如法」之「如」。易占的作用，在吸收資訊，反映真實，並提出解答，就像一塵不染的明鏡台。胡來胡現，漢來漢現，決不會有半絲扭曲。受命，指接受占者的問題，好像承受上級的指令一樣。

「如嚮」，也有解釋成如對面相向之意，易占就像個貼心的好友，懂得傾聽占者的疑難和心事，讓你無所畏怯，無所保留。教堂裡對神父的告解，心理諮商時，躺在臥榻上的任情陳述，都提供了困頓人生一個紓解的空間。當然，有問就有答。易占所做出的回應，靈巧細膩，高明透頂，譬如撞鐘，大叩則大鳴，小叩則小鳴。因此，又有人以「如嚮斯應」來解釋「如嚮」。

總之，易占的機制頗似電腦資料庫，輸入什麼指令，經檢索計算後，即輸出相應的答案。輸入基本上是以意念控制，故而愈專注，輸出即愈精確。占者若負面情緒干擾過甚，以致心神耗弱不定，理論上是有可能得出不佳的答案。蒙卦（䷃）卦辭所云：「初筮告，再三瀆，瀆則不告，利貞。」正是深中肯綮的說明。電腦操作上所謂的「garbage in, garbage out!」完全符合「受命如嚮」的易占原理。

「無有遠近幽深」，不受時空距離、觀點立場，及內蘊情懷的種種影響。「遂知來物」，就可以充分預知未來發展的形勢。不是天下至精密的學問，怎麼能達到這樣的境界呢？人皆難免有主觀成見及感情包袱，而易占的操作，卻能將之降至最低。只要占者練習放空自己，虛心承教，了解未來絕對是有可能的。

佛言「諸法無我」，莊子云「嗜欲淺天機深」，《易》主「易簡而天下之理得」，皆為「無有遠近幽深」之義。《金剛經》說得更灑脫自在：「無我相，無人相，無眾生相，無壽者相……離一切諸相，即名諸佛。」

參伍錯綜

〈繫辭上傳〉第四章曾云：「精氣為物，遊魂為變。」物若至精，操作恰當即能生至變。「參伍以變，錯綜其數」，說的正是筮法，在前章論大衍之數時已講過。「參伍」一辭，屢見於先秦之書，為思想方法上的重要術語。如《荀子・議兵》：「窺敵觀變，欲潛以深，欲伍以參。」《韓非子・備內》：「偶參伍之驗，以責陳言之實。」《八經》：「行參以謀多，揆伍以責失。」《揚權》：「參伍比物，事之形也；參之以比物，伍之以合虛。」「參伍」究竟是什麼意思？

「參」即參觀比較，把不同的東西擺在一起平行思考，看看能不能得到些啟發；「伍」則是同樣的東西，嘗試變換觀點，以期面面俱到。其實這正是錯綜的觀念：一卦六爻全變為相錯，若能觸類旁通，相反不礙相成。一卦六爻對立反視為相綜，一體兩面，同時俱生。明儒王船山說得好：「參者，異而相入，……伍者，同而相偶。」「參」即錯，橫向並列思考；「伍」即綜，縱向豁然貫通。「參伍以變，錯綜其數」，在筮法上是指成卦之後，有關爻變、卦變的複雜考慮；在人事的作法上，則為引申觸類、圓融無礙的周到處理。

「通其變」，將參伍的原則用到極致，就能搞通一切變動的現象，成就天地間的豐功偉業。

「極其數」，將錯綜的數理深度發揮，就能決定事變的最後結果。不是天下最通達的學問，怎麼能達到這樣的境界呢？

剛柔交錯為文，經緯天地為文。賁卦（䷕）有文飾之義，據〈彖傳〉所稱，又有天文及人文的含義。離卦（䷝）為網罟之象，縱橫交錯，息息相關，象徵人類光輝燦爛的文明。乾、坤兩卦有〈文言傳〉，闡述剛柔迭用的人事奮鬥之理。小畜卦〈大象傳〉稱「懿文德」，以小事大，以大事小，貴在以和平手段化解矛盾。「通其變，遂成天地之文」，充分顯現了人理解自然、運用自然的成就。

〈繫辭上傳〉第五章有云：「極數知來之謂占，通變之謂事。」依傳解傳，所謂「遂成天地之文」，應指人事而言，而「遂定天下之象」又與占法預測有關。大衍之法，十八變後所得出之卦，還未必是最後結果，必須極其錯綜之數，才能確定事變的發展方向。「陰陽不測之謂神」，知來、通變之後，繼續深探推高，則入神妙不測的境界。〈繫辭上傳〉第四章繼「精氣為物，遊魂為變」之後，亦稱：「是故知鬼神之情狀。」所以本章在「至精」、「至變」之後，又論「至神」。

感而遂通

無思無為，寂然不動，和前面所述「無有遠近幽深」相似，功夫卻更精純。相對於「君子將有為也，將有行也」的執念，呈現徹底的清明虛靜。真如《般若心經》所言：「無罣礙故，無有恐怖，遠離顛倒夢想，究竟涅槃。」

《荀子・解蔽》有云：「虛壹而靜，謂之大清明。萬物莫形而不見，莫見而不論，莫論而失位。」《管子・內業》則稱：「人能正靜……鑒於大清，視於大明。靜慎無忒，日新其德，徧知天下，窮於四極。」精神心志愈清明，反應愈靈敏，能如感斯應，於瞬間遍知天下事故之所以然。不是天下最神妙的學問，怎麼會達到這樣的境界呢？

「寂然不動，感而遂通」，這種神妙的感應作用，《易經》居下經之首的咸卦（䷞）頗有闡明。咸卦上澤下山、外悅內止，所謂山澤通氣，二氣感應以相與。對外開口，以吸納一切訊息，在內卻精神內守，不動如山。〈大象傳〉云：「山上有澤，咸。君子以虛受人。」山上之澤如天池，波平如鏡，不受汙染，天光雲影盡映其中，一片祥和靜謐之貌。其〈彖傳〉稱：「天地感而萬物化生，聖人感人心而天下和平。觀其所感，而天地萬物之情可見矣！」則是對天地間無所不在的感通作用，發抒最大的禮讚。

「天下之故」的「故」，既表示已存在的事實，又為所以然的原因。溫故而知新，鑑往能知來。知「故」是一切思維的起點，也是豁然貫通的終點。〈雜卦傳〉以「故」字詮解三卦：「隨，無故也……革，去故也……豐，多故也。」不論如何面對「故」，首先都得知「故」。〈繫辭上傳〉第四章云：「知幽明之故。」重視內在深層機制之探索。本章「通天下之故」，則涵括萬有，強調全面的感知。

談完「三至」之後，本章對《易》之用下了結論：「極深研幾，通志成務。」下最深切的工夫，去研究事理人心的機微，以溝通天下眾人的心志，群策群力，完成偉大的事業。

「志」是人心之所主，天下之大，品類之眾，可謂人各有志，「通天下之志」真是談何容易？同人卦（䷌）〈彖傳〉稱：「唯君子為能通天下之志。」如何通呢？〈大象傳〉提示入手處：「君子以類族辨物。」徹底分析清楚各個族群的差異，尊重其文化特色與生活方式，謀求族群的和諧，然後存異求同，往人性深處去發掘共識。所謂人同此心，心同此理。只要虛心深求，一定可以找到。

「通天下之志」，才能「成天下之務」。政治家了解愈多的民意，愈能合理施政。企業家了解愈多消費者的想法，愈能開拓廣大的市場。宗教家了解人心深處的渴盼，愈能引領眾生，離苦得樂……。

「幾」即機，是整部《易經》思想的重大關鍵：《易》論變，而知機方能應變。「機」是所有事變發生前的徵兆，隱微不顯，難以辨識，但卻能決定往後的事態發展。所謂當機立斷、見機而作、洞燭機先、搶佔先機，人生的真知和力行，都得扣住「機」來運作。「機」稍縱即逝，在第一時間處理好，危機可成轉機。做生意講商機，行軍作戰有兵機，修道重天機。「幾事不密則害成」，「樞機之發，榮辱之主」。莊子稱：「萬物皆出於機，皆入於機。」《黃帝陰符經》且云：「人心，機也……動其機，萬化安……其盜，機也。」一言以蔽之：「Timing is everything!」

「不疾而速，不行而至」，易象易占之神妙，的確不可思議。〈雜卦傳〉稱：「咸，速也。」如感斯應，快到幾乎沒有任何落差。「疾」本也有快的意思，但與速不同，而是求快出了毛病。行事像箭一樣直，想一發中的，忽略了迂迴順勢的重要。復卦（䷗）一陽來復，見天地之心，呈螺旋形循環往復的過程中，即有「出入无疾」的斷語。損卦懲忿窒慾，六四爻辭云：「損其疾，使遄有喜，无咎。」「遄」即速，「速有喜」和「損其疾」相對，不疾能速，又快又準，且無毛病。

「三唯」中，「唯神」與「至神」呼應，「唯深」和「至精」相關，「唯幾」通「至變」，本章的結論其實仍一氣相承。「四尚」、「三至」、「三唯」，反覆論證，以明大《易》之用。末尾再言：「《易》有聖人之道四焉者，此之謂也。」以終結全章，並注明為孔子所言。

值得注意的是：「三至」雖似針對易占而發，實可不限於卜筮。易理、易象、易變、易辭，一旦發揮作用，均有至精、至變、至神之效。所以「三唯」論「通志成務」，已擺脫了占卦的色彩，而適用於「辭變象占」全部聖人之道。荀子稱：「善為易者不占。」子曰：「不占而已矣！」確為的論。

第十一章　開物成務

子曰：「夫《易》何為者也？夫《易》開物成務，冒天下之道，如斯而已者也！」是故，聖人以通天下之志，以定天下之業，以斷天下之疑。是故，蓍之德圓而神，卦之德方以知，六爻之義易以貢。聖人以此洗心退藏於密，吉凶與民同患。神以知來，知以藏往，其孰能與於此哉？古之聰明睿知神武而不殺者夫？

是以明於天之道，而察於民之故，是興神物以前民用，聖人以此齋戒，以神明其德夫！是故闔戶謂之坤，闢戶謂之乾，一闔一闢謂之變，往來不窮謂之通。見乃謂之象，形乃謂之器。制而用之謂之法，利用出入，民咸用之謂之神。是故易有太極，是生兩儀，兩儀生四象，四象生八卦，八卦定吉凶，吉凶生大業。

是故法象莫大乎天地，變通莫大乎四時，懸象著明莫大乎日月，崇高莫大乎富貴，備物致用，立成器以為天下利，莫大乎聖人。探賾索隱，鉤深致遠，以定天下之吉凶，成天下之亹亹者，莫大乎蓍龜。是故天生神物，聖人則之，天地變化，聖人效之；天垂象，見吉凶，聖人象之；河出圖，洛出書，聖人則之。易有四象，所以示也；繫辭焉，所以告也；定之以吉凶，所以斷也。

知來藏往

本章繼續論《易》之用，但頭緒太多，思想也嫌蕪雜，前言還未必對後語。文中「是故」二字出現六次，卻沒有承上啟下的邏輯必然性，合理推斷，當有闕文。有關河圖洛書那段，幾近神話，與義理風格不類，甚至有可能是後人妄增的意見。〈繫辭傳〉基本上仍以儒家思想為主，也明顯受了道家不小的影響。總之，本章論述不如上章精純。

首段引用孔子的話，以自問自答的方式釋《易》之用，問題是孔子的看法說到哪裡為止呢？應該在第一個「是故」之前。「物」為一切人事物的總稱，「開物」即開發利用天地萬物的資源。《中庸》所謂盡己之性、盡人之性及盡物之性。「成務」已見前章，「唯幾也，故能成天下之務」。「開物成務」四字，其實已涵蓋盡天地造化、人事興革的所有道理，而《易》的宗旨亦在於此。如斯而已，孔子言下之意，似對時人於《易》的誤解有所駁正，而且多半是所謂怪力亂神方面。明朝宋應星所著《天工開物》一書，專述科技的開發利用，其名即導源於此，「天工」二字出於《尚書》：「天工人其代之。」人代天工，開物成務，多麼健康踏實、積極進取的人生態度！

〈繫辭傳〉作者秉持孔子之意，說出第一個「是故」：通志、定業、斷疑，且皆以天下為重，決不陷溺於小我之執。由「斷疑」又引發第二個「是故」：「揲蓍成卦，可斷天下之疑」。依大衍之法，十有八變而成卦，成卦之前圓轉變化、陰陽不測，沒法預知最後結果，稱「圓而神」。成卦之後，塵埃落定，依卦辭卦象可做明確的解讀，稱「方以知」。但所成之卦中，六爻還可能有變化，為9為6，爻變是否帶動卦變，仍須以天地之數55去檢驗。引申觸類，才能全盤掌握變化的行情，這就是「六爻之義易以貢」。易即變易、變動，陰變陽、陽變陰，「貢」有貢獻、賜告、成功之義，至此才算克竟全功。

圓和方的對比極具哲理趣味，所謂天圓地方，並非指外形，而是指其象徵含義。《大戴禮記・曾子天圓》有云：「天圓而地方者，誠有之乎？……如誠天圓而地方，則是四角之不掩也……參嘗聞之夫子曰：天道曰圓，地道曰方。」天道的行健不息、周而復始、圓融無礙稱圓；地道的厚德載物、敦篤實踐、配合無間稱方。圓主開創，陰陽不測；方為守成，中規中矩。

「方」字有模仿效法、定域定準之意，在《易經》經傳中亦為常用。坤卦六二稱「直方大。」〈文言傳〉釋云：「義以方外。」恒卦（䷟）〈大象傳〉稱：「立不易方。」益卦（䷩）〈彖傳〉則云：「其益無方。」復卦（䷗）〈大象傳〉：「后不省方。」觀卦（䷓）〈大象傳〉：「先王以省方觀民設教。」姤卦（䷫）〈大象傳〉：「后以施命誥四方。」離卦（䷝）〈大象傳〉：「大人以繼明照于四方。」未濟卦（䷿）〈大象傳〉：「君子以慎辨物居方。」

坤效乾，地法天，以方為德。恒卦守中任常，不輕易改變立場。益卦靈活應變，因事制宜，不拘泥於固定方式。「后」為地方諸侯，相對於中央天子的先王而言，又有後王之意，在行政層級與文化理想上，均居較次一級的地位。「后不省方」，僅以施命誥四方，見出行動上的謹守分寸。「先王省方」，「省」除了到地方視察外，也有觀察思考以反省調整之意。觀卦「神道設教」，「神無方」，「不守故常」，「可使天下服」。離卦重繼往開來的文明創造，也不以一方為限，而光照天下四方。世界化、國際化，並非不重本土，任何人成功失敗，仍與選擇落腳處生根固柢有關，故而未濟卦稱：「君子以慎辨物居方。」

「圓而神」，「方以知」，「易以貢」，於變易中見不易，不易中又生變易，雖為著卦而言，實可用之於人生行事。經過這三道探索的程序後，人對未來已有足夠的先見之明，卻不輕易洩漏。退藏默運，從容佈局，吉凶成敗都與民眾共憂同患。

「洗心」二字啟人疑竇，按辭類應屬名詞，但心怎麼可以洗呢？後世讀者很自然就往清淨心、滌除玄覽，或莊子「心齋」方面去聯想，甚至發展出「洗心革面」的成語。革卦（䷰）上六不是稱「小人革面」嗎？蒙卦（䷃）言「初筮告」、比卦（䷇）強調「原筮」、觀卦稱「盥而不薦」、復卦「見天地之心」、明夷卦（䷣）又有汙穢黑暗的「明夷之心」……嗜欲淺者天機深，「易簡而天下之理得」，似乎言之成理。洗心成了一種高度修行、超凡入聖的境界？

如此，則「退藏於密」就更像是佛道二家深深遯隱的風格，然而，下文又稱「吉凶與民同患」，入世承擔的氣勢一點也沒退縮。孔子所謂「鳥獸不可與同群，吾非斯人之徒與，而誰與？」乾卦九四〈文言傳〉云：「進退无恒，非離群也。」天下有山曰遯（䷠），澤上有地為臨（䷒），兩卦相錯，進退的態勢徹底相反。遯世固然可以无悶，解決現實憂患，只怕力有未逮。若真是退隱，又如何奢言「吉凶與民同患」呢？

「洗心」的「洗」，應該仍如諸多舊說之解，為先見之明的「先」。其實洗、先二字古即通用，太子洗馬的官職，意即太子先馬。繼揲著、成卦、爻變之後言洗心，不應是滌除染習，而是成竹在胸，洞燭機先。「知幾」之後，還得嚴守機密以免敗事，這就是「退藏於密」。〈繫辭上傳〉第八章引節卦（䷻）初九爻辭，有云：「幾事不密則害成，是以君子慎密而不出也。」以傳解傳，退藏於密和隱遁無關。

「神以知來，知以藏往」，蓍的功能幫助我們知道未來，卦的功能儲藏了許多前人的智慧和經驗。究竟誰有這樣貫通過去未來的本事呢？誰創作了像《易經》這樣偉大的經典呢？大概是古代那些有絕高智慧，且能以和平方式解決重大紛爭的人物吧？

《尚書‧洪範》稱領導人須「敬用五事」：「一曰貌，二曰言，三曰視，四曰聽，五曰思。……視曰明，聽曰聰，思曰睿……明作哲，聰作謀，睿作聖。」聰明睿智，代表視聽思都到了極高的境界。《易經》臨、觀二卦，所訴求的重點即在於此。

臨卦君臨天下，六五君位爻辭云：「知臨。大君之宜，吉。」〈大象傳〉稱：「教思无窮，容保民无疆。」智慧和深思，為成功領導必備的要項。觀卦用心觀察，九五君位〈小象傳〉云：「觀我生，觀民也。」〈大象傳〉稱：「省方觀民設教。」觀察反省，聽取民意，以為施政參考，天視自我民視，天聽自我民聽。

「睿」字依《說文解字》解釋，為：「深明也，通也。」有反覆究思，聲入心通，及響應不窮之義。睿知非一般浮淺小智，想得長遠而深透。《管子》一書有云：「思之思之，……鬼神將通之；非鬼神之力也，精氣之極也。」

精氣之極，即至神的境界。「神武而不殺」，武本有止戈之義，最高的武德，自能全己全敵，不戰而屈人之兵。乾卦〈彖傳〉稱：「首出庶物，萬國咸寧。」咸卦（䷞）〈彖傳〉稱：「聖人感人心而天下和平。」上下經之首，天道人道皆以和平共存為尚。

神道設教

下段以「是以」開頭，接著又說「是興神物以前民用」，「是」字恐怕非連接語或虛字，而係意有所指。《說文解字》釋「是」字云：「直也，從日正。」釋「正」字則云：「是也，從止，一以止。」日正當中為「是」，正直無偏為「是」，止於一、止於至善為「是」。人生當實事求是，組織各派系不可各行其是，國家發展有爭議時，得召開國是會議。《論語・里仁篇》則稱：「君子無終食之間違仁，造次必於是，顛沛必於是。」

全部易象的變化，其實也是始於是，終於是。乾卦初九「潛龍勿用」，〈文言傳〉云：「不見是而无悶。」未濟卦上九爻辭云：「有孚失是。」從第一爻陽居陽位，有「是」而不顯現，到最後一爻陽居陰位，樂極生亂，而失去了「是」。天人之際所深蘊的義理，著實耐人尋味。

上經演天道，下經明人事，六十四卦、三百八十四爻，無非在探究一個「是」字，成就一個日中為明的正道。人生艱苦修行，一旦「是」了，即可了悟天道，也能明察人事之所以然。「民之故」，仍在天之道的範圍內。人是自然的產物，容或有其特殊性，卻不可能違反自然的共通性。「興神物以前民用」，依上下文語意來看，是指發明並倡導筮法，以供民眾臨事決策時使用。

但以神物觀整部《易經》，贊其生生不測之妙，亦無不可。聖人創作《易經》，是為了嚴謹持身，淨念修行，並提高思維與實踐能力。自覺覺人，自度度人，生命的學習永無止境。「神明其德」的「其」字，是指聖人本身，既前民用，又修己德。在明明德、在親民、在止於至善，苟日新、日日新、又日新。迷時師度，悟時自度，觀音菩薩還不斷念佛呢！

「神明」二字連用，屢見於〈易傳〉，如〈說卦傳〉首章即稱：「昔者聖人之作《易》也，幽贊於神明而生蓍。」概括來說，陰陽不測之神，代表一陰一陽之道，由體起用，為天地造化之妙。大明終始之明，則為離卦的概念，強調人事的繼往開來，薪盡火傳。「幽贊於神明而生蓍」，既通天道，又通人事，依此而發明蓍法，正是「興神物以前民用」。聖人以神明其德，窮理盡性以至於命，化育萬物，與天地參。

「齋戒」二字有濃重的宗教意味，藉著某種敬天祭神的儀式，以滌除習染，節制嗜欲，提高清明認知的能力，促進天人互動的關係。《易經》中有大量的祭祀行為，元亨利貞的「亨」字，通「享」，本有祭祀之義，而揲蓍演卦，也可以視為某種廣義的祭祀。蒙卦卦辭云：「亨……初筮告，再三瀆，瀆則不告。利貞。」由亨、瀆、告與不告等字，可見一斑。最後「利貞」二字，點出正心誠意的重要，再次呼應「日正為是」，「止一為正」的精義。

蒙卦〈彖傳〉稱：「蒙以養正，聖功也。」初六發蒙，〈小象傳〉云：「以正法也。」師生互動，教學相長，關鍵即在一「正」字上。老師為已發之正，學生為潛在未發之正，透過老師以身作則的示範，而獲啟發。此正的根源何在？

乾卦〈彖傳〉有明確的解答：「乾道變化，各正性命，保合太和，乃利貞。」天命之謂性，芸芸眾生各有其正，非可期其必同。所謂啟蒙發蒙，只是心心相印，以正引正，師父領過門，修行在個人啊！師卦（䷆）〈彖傳〉故而稱：「能以眾正，可以王矣！」能因順眾人心中自有之正，去開導啟發，使之各得其所，即成王道政治。

再如屯（䷂）、臨二卦初爻，生命的自由發展，〈小象傳〉皆強調：「志行正也。」无妄卦（䷘）卦辭稱：「其匪正有眚。」大畜卦（䷙）〈彖傳〉云：「能止健，大正也。」二卦內外兼修，往下的頤卦（䷚），〈彖傳〉遂總結為：「養正則吉也。」離卦〈彖傳〉更稱：「重明以麗乎正，乃化成天下。」可說全《易》之精神，皆在求是與持正。

齋戒的真諦不在口齋，而在心齋，只要心正意誠，實可不忌葷素。萃卦（䷬）卦辭稱：「王假有廟……用大牲吉，利有攸往。」宗廟祭祀，殺牛以上供。鼎卦（䷱）象徵政權，君主將祭祀後的胙肉分給大臣，〈彖傳〉稱：「聖人亨以享上帝，而大亨以養聖賢。」困卦（䷮）九五「困于赤紱」，爻辭稱：「利用祭祀。」九二「困于酒食」，爻辭稱：「利用享祀。」只要信念堅定，皆可脫困。豫卦（䷏）〈大象傳〉云：「先王以作樂崇德，殷薦之上帝，以配祖考。」「薦」是上供，「殷」為殷勤鄭重，盛大鋪張。藉此崇德報功，營造歡樂氣息，以激勵團隊鬥志。

觀卦的宗教味最重，卦辭云：「盥而不薦，有孚顒若。」全為廟堂祭祀觀禮之事。「盥」是祭之始以水淨手，有齋戒沐浴之意。「薦」當祭之中的犧牲貢獻。由盥到薦，始終對禮敬的對象虔誠信仰，不稍懈怠。為什麼不薦呢？如此豈不是程序未完，有始無終嗎？傳統的解釋大致皆依王弼的看法，以盥時莊嚴肅穆，精神專注為尚，薦時則煩擾熱鬧、流於形式而已，故不足觀。《論語‧八佾篇》記有孔子之言：「禘自既灌而往者，吾不欲觀之矣！」似乎為此說佐證。

然而，孔子此言特有所指，為不滿現狀的一時牢騷，難為萬世定論。而且《易經》卦辭的創作，當在孔子之前，以後證先，亦不足為訓。再檢驗〈彖傳〉及〈大象傳〉的思想，「盥而不薦」，很難說得通。觀卦〈彖傳〉稱：「下觀而化也……聖人以神道設教，而天下服矣！」祭祀的目的是為了化民，讓一般人看了能受感化。〈大象傳〉則云：「風行地上，觀。先王以省方觀民設教。」為圖教義風行，必須深入了解各地風土民情，因時因地，設定教化的方式。換言之，觀卦的重點在深入淺出，務求通俗，不宜崖岸自高，而拘限了對現實社會的影響。

盥的意境固然好，一般信眾仍得透過薦的形式，來接近真理。好的主張和觀念，若不大力推薦，熱情行銷，怎麼讓人接受呢？豫卦以「殷薦」鼓舞群眾，觀卦化民成俗，豈可不薦？〈繫辭上傳〉首章豈不云：「易則易知，簡則易從，易知則有親，易從則有功，有親則可久，有功則可大。」

「不薦」的「不」字應該有誤：若屬形誤，當為「丕」字，「丕」為盛大之意。若為音誤，當為「必」字，《孫子兵法》中，不、必二字，就有相誤之例。「故敵佚能勞之、飽能饑之、安能動之者，出其所必趨也……攻而必取者，攻其所不守也；守而必固者，守其所必攻也。」《孫子兵法‧虛實篇》這段料敵的文字，版本流傳就有「出其所不趨」、「守其所不攻」的謬誤。總之，「盥而丕薦」、「盥而必薦」，不但不能不薦，還得大薦特薦！既冷靜深入，又熱烈普及，有始有終，徹上徹下打成一片，才符合觀卦的主旨。

豫、觀二卦〈彖傳〉中，皆有「四時不忒」。由天道運行的沒有差誤，期許人事的觀察和預測，亦能絕對精確，以收民服乃至天下服的效果。這就是齋戒的好處，既明天道，又察民故，正是「神明其德」。可能也因齋戒二字的出現，讓不少舊注對「洗心」做了宗教味過濃的解釋。其實「觀」得洗心，「豫」卻須有洞察未來的「先心」。觀和豫都得與民同樂，與民同患！

制器尚象

往下又以「是故」開頭，以「謂之」為辭，定義了一堆概念，從基本面的乾坤，談到最高運用的神。至於本段與前段的關係，只能說透過「神」字或乾坤而有聯繫：圓而神、神以知來、神武而不殺、興神物、神明其德。前段「神以知來，知以藏往」，也有版本為「乾以知來，坤以藏往」。其實，以天圓地方之理來看，都差不多。

「闔戶」、「闢戶」的意象，相當具體而生動，顯示乾、坤的作用密切相關。坤卦六三「含章」、六四「括囊」，都有緊掩門戶之象。乾卦見、惕、躍、飛則有開闢之象。一闔一闢自然就造成了有節奏的變化，而資源亦隨之流通往來。天地交而萬物通，上下交而其志同，遂成泰卦之象。

變通之後，即能生生萬物，顯現出來為人所感知，就稱作象；更進一步有了確定形體，則稱為「器」。製作器物，供人學習使用，稱作「法」。將這套法則全面運用於人民生活，任誰也離不開它，就叫作「神」。

前章論聖人之道，「以制器者尚其象」，象在形先，故而為制器所尚。法在器後，欲制新器時，得師其意，不師其法，而尚象則是尋其意的必經步驟。

《易經》六十四卦中，井、鼎二卦的卦名為確有其物，且均為人造的器物。鼎卦的卦形即有鼎之象，初爻為鼎足，二、三、四爻為鼎腹，五爻為鼎耳，六爻為鼎鉉。〈彖傳〉云：「鼎，象也，以木巽火，亨飪也。」「亨飪」為造鼎之意，上祭天地神明，下賜輔佐群臣。為政稱「調和鼎鼐」，老子云：「治大國，若烹小鮮。」太公兵法《六韜》則坦言：「取天下者若逐野獸，而天下皆有分肉之心。」

以木巽火為鼎之象，巽乎下而上水，則為井（䷯）之象。養而不窮，普濟群生，為造井之意。古代有水井之處，即有人家。改邑不改井，政治區劃會變，民生的基本需要永遠不變。卦辭稱：「往來井井。」〈雜卦傳〉云：「井通而困相遇也。」「往來不窮謂之通」，「利用出入，民咸用之謂之神」，井卦正合此旨。

井的錯卦為噬嗑卦（䷔），其〈大象傳〉云：「先王以明罰飭法。」「噬嗑」有殘酷政爭之象，依〈繫辭下傳〉第二章，制器尚象的說法，又有商場交易之象。金錢和權力的角逐領域，最需要立法以規範，否則不知伊於胡底。「噬嗑」諧音「市合」，古代市井小民的生活方式及交易秩序，皆須遵守法則，利用出入，民咸用之。

鼎為國之重器，富麗堂皇；井則非常平民化。依卦序發展，由井至鼎，須經「革」的步驟，此義尤深。一方面明示「革」為平民革命，「鼎」為全民共和，非僅改朝換代而已。另方面，「革」為人革天命，前井後鼎，更凸顯人能制器的可貴。

「民咸用之謂之神」，真是「神」字的上好定義，完全擺脫了虛無縹緲、不切實際的俗情。

改一為元

「易有太極」四字，突兀冒出。前接「是故」二字，可能由乾坤闔闢而來，故而往下又云「是生兩儀」。「太極」一詞最早可能見於《莊子・大宗師》：「在太極之先而不為高。」該段是在論道，道若在太極之先，則太極即非一切創造的本源。後世周敦頤撰《太極圖說》，亦稱：「無極而太極。」頭上安頭，大大減低了太極的分量。這些恐怕都是受了老子「有生於無」、「道生一」思維的影響。老子以無立教，大《易》則盛張萬有，一句「易有太極」的「有」字，和「是生兩儀」的「是」字，都對宇宙人生做了全面的肯定。

〈序卦傳〉第一個字就是「有」：「有天地，然後萬物生焉，盈天地之間者唯萬物，故受之以屯。」不提乾坤的卦名，直接由代表萬物的「屯」提出有天地。「唯萬物」一語，尤其引人深思：易理主張唯心，還是唯物？「有天地，然後有萬物；有萬物，然後有男女；有男女，然後有夫婦；有夫婦，然後有父子；有父子，然後有君臣；有君臣，然後有上下；有上下，然後禮義有所錯。夫婦之道，不可以不久也，故受之以恒。」下經部分亦從「有」字開始，天地人的存在，昭然無疑。

首卦咸無形無象，略去不提，直接從明確定形的恒卦開始講，亦見出修辭的匠心。

不僅〈序卦傳〉的語脈中多以「有」字串連，由无妄、大有二卦的命名，也顯示《易經》崇「有」的精神。无妄卦〈大象傳〉稱：「天下雷行，物與无妄。」一切眾生歷歷真實，絕非虛幻。「大有」則人人皆有、一切皆有。

「易有太極」的「易」字，即指生生之象，一語揭示所有現象必有本體存在，為其創造根源。本體不可見，可見的為陰陽兩儀、四象、八卦、吉凶和大業。吉凶為失得之象，「見乃謂之象」，「富有之謂大業」。〈繫辭傳〉前幾章的定義，又充分說明了萬象皆有。

「是生兩儀」的「是」字，為日正、止於一、直而無偏之義，前文已分析過。《易經》雖千變萬化，始於「是」，終於「是」，「是」即能生生不息，不是或失是，則生機滯塞。

四象依傳統的說法，為太陽、太陰、少陽、少陰，由陰陽兩儀重疊交互而成。筮法中的9、6、7、8，四時的夏、冬、春、秋皆可與之對應。四象再分陰分陽，自然得出三畫的八卦。

「八卦定吉凶」，此處的八卦應指六十四卦，由八卦互動而生。三畫的八卦各有特性，無所謂吉凶，六畫的六十四卦，才有吉凶禍福可言。〈繫辭傳〉中所謂的八卦，有時即代表六十四卦，在大衍之章（本書上傳第九章）中已經說明。

「吉凶生大業」，明示人生大業的開創，必從無數艱險成敗中而來。「富有之謂大業」，今日豐富奇詭、無所不有的生態世界，不也是物種演化、不斷競爭突變而生嗎？

「太極生兩儀」的「生」字，只是自然顯現之意，沒有時間上的先後可言。「儀」字在《說文解字》釋為：「度也，從人義聲。」《爾雅・釋詁》則稱：「匹也。」《詩經・毛傳》云：「善也，宜也。」總之，儀是指相反相成、相生相配的兩極，顯現出來以為人所效法的對象。漸卦（䷴）上九爻辭：「鴻漸于陸，其羽可用為儀，吉。」〈小象傳〉且稱：「不可亂也。」鴻雁群行以序、往來以時，喪偶後不再偶的習性，所顯現的團隊精神及高尚德操，值得人群效法。

「太極」的「極」字，《說文解字》釋云：「棟也。」而「棟」字又云：「極也。」古代木造房屋，居中最高之處稱「極」，又有大中至正之義。《尚書・洪範》稱：「建用皇極……會其有極，歸其有極。」標舉無偏無陂，王道正直之義。《周禮》序官，主旨皆在「以為民極」。《大學》暢發日新又新之旨，有云：「君子無所不用其極。」〈繫辭上傳〉第二章則云：「六爻之動，三極之道也。」天地人三才皆有極，而太極無可踰越，為宇宙間一切存在的根源。

有關存在本體的證悟，〈繫辭傳〉提太極，其實和〈彖傳〉及〈文言傳〉不同。〈彖傳〉稱：「大哉乾元，萬物資始，乃統天。」「至哉坤元，萬物資生，乃順承天。」始終扣緊經文的「元」字立論。乾坤有元，而坤元實即乾元，並非另有來歷，只是表現形態不同。乾元統天，為萬物之所資始，故立為存在本體的代稱。〈文言傳〉即據此發揮，而為人事之運用：「乾元用九，天下治也……乾元用九，乃見天則……乾元者，始而亨者也。」孔子作《春秋經》，以元立教，是正本清源、貫通天人的極則，可謂直承大《易》而來。

《春秋繁露・玉英第四》：「謂一元者，大始也。」〈重政第十三〉：「惟聖人能屬萬物於一，而繫之元也，終不及本所從來而承之，不能遂其功。是以《春秋》變一謂之元，元猶原也，其義以隨天地終始也。」《春秋》記事，不稱一年，而稱元年，大有深意。「一」只是開端，「元」則探及大本，且有終而復始之義。天道人事不能只是得一，還得奉元。《易經》既濟卦（䷾）後，終之以未濟卦，三畫卦發展成六畫卦，又特重復卦生生不息的含義，都與「元」的精神有關。豈不見乾卦〈彖傳〉云：「大明終始，六位時成。」

道家重一，可絕未提元，老莊書中頗多印證。因此，改一為元的思想，可謂孔子獨創，也可能是受益於問禮老聃的刺激。「太極生兩儀」的說法，和老子道生一、一生二的思維路數相近，也難怪會引發後世「無極而太極」的爭議。〈繫辭傳〉完成時，可能已近漢初，多處呈現儒道交流的痕跡。孔學正脈，恐怕還得由乾、坤二卦的〈彖傳〉中去深求。

不稱乾之元、坤之元，也不稱元生乾或生坤。逕謂乾元、坤元，亦蘊涵體用不二之旨。即體成用，切勿於用外覓體。本章「太極」之稱，雖然可能受了道家的影響，「易有太極」四字仍守儒家本色。天地一太極，而萬物亦各有一太極，太極無定在，而無所不在。以此意義而言，太極即乾元，不必另作分辨。

至於流傳已廣、爭議甚多的太極圖，善會其意即可，無須於象上再添葛藤。杭辛齋認為此圖出自《道藏》，或由後人擬議繪出。實則太極無形無象，不可以圖見，宜正名為「陰陽儀圖」，方稱允當。熊十力則痛批「太極生兩儀」的學說，認為有古代宗教餘習，主張正名為「乾坤一元圖」，以符合〈彖傳〉之旨。

天爵自貴

太極論定，往下又引出一堆議論，仍以「是故」二字相連。「法象莫大乎天地」，天地乾坤是最大的兩儀，顯現出來為人所效法。正所謂「人法地，地法天，天法道，道法自然」。「變通莫大乎四時」，四時和四象相應，冬盡春來，夏過秋至，由天地兩儀互動而生。一闔一闢，往來不窮。「懸象著明莫大乎日月」，日自發光，月映日光，晝夜輪替，既示兩儀陰陽之義，又有變通之象。「崇高莫大乎富貴」，則是指人體悟天道之後的修行，「富有之謂大業」曰富，「日新之謂盛德」曰貴。《大學》稱「在親（新）民」，孟子主張「民為貴」，在《易經》〈小象傳〉的思想中已經蘊涵。

鼎卦全民共和，初六代表基層民眾，〈小象傳〉云：「利出否，以從貴也。」革除專制餘習，尊重民意以治國。頤卦供養眾生，居上位者不應剝削基層，而民眾亦以自給自足為尚，否則便是自己放棄應有的權益。初九〈小象傳〉云：「觀我朵頤，亦不足貴也。」屯卦崛起草莽，艱難締造，尤須重視民生的基礎建設。初九〈小象傳〉云：「以貴下賤，大得民也。」

「富」字在《易經》中多見，除了表示資源厚實外，亦深具資源共享、道德勸說的意味。小畜卦（䷈）九五爻辭云：「有孚攣如，富以其鄰。」〈小象傳〉稱：「不獨富也。」四海之內皆兄弟，眾生一體，不獨親其親，不獨子其子。本爻爻變成大畜卦，日新其德，「不家食，吉」，正合盛德大業之象。泰卦（䷊）六四爻辭云：「翩翩，不富以其鄰。」〈小象傳〉稱：「皆失實也。」

以陰求陽，美麗的誘惑後面，可能有致命的傷害；溝通往來的過程中，得小心對方以鄰為壑的陷阱。謙卦（䷎）六五爻辭云：「不富以其鄰，利用侵伐，无不利。」汙染輸出、貧富懸殊是社會的亂源，必須動用公權力強勢遏止，才能建立公平均富的體制。

總之，富貴非指有錢有勢而言，否則豈能當崇高之稱？前述盛德為貴，大業為富。〈繫辭上傳〉第五章云：「盛德大業至矣哉！」第六章云：「易簡之善配至德。」其實，易簡之善即與此處所稱的富貴相關。人的嗜欲愈淺，天機愈深，愈能冷靜客觀，大公無私地處理人間事務。

依傳解傳，〈繫辭上傳〉第六章結尾數語，正合本段之旨：「廣大配天地，變通配四時，陰陽之義配日月，易簡之善配至德。」這不就是「法象莫大乎天地，變通莫大乎四時，懸象著明莫大乎日月，崇高莫大乎富貴」嗎？

有崇高之德的聖人，必有創造發明，以服務社會，增進人類福祉。「備物致用」，將許多自然資源依理依序湊齊，精妙組合後，使之發揮最大的功效。「立成器以為天下利」，再製作出方便犀利的各種工具，供民眾使用，以產生無窮的利益。「立成器」三字的語法稍嫌怪異，有人說應是「立象成器」四字。如此，則立象為成器的靈感所資，又是前述「制器尚象」之意。

「賾」為複雜幽深之意，已見〈繫辭上傳〉第八章，「鉤」為曲而求之。「探賾索隱，鉤深致遠」八字，充分說明了卜筮探索事實真相的神妙功能。人生行事，欲規模遠大，必先下沉潛的工夫，洞察事理的機微，掌握變化的趨勢，以做出最好的布局。「亹亹」是汲汲營營、奮發勤勉的樣子。人生竭力拚搏，總是希望成功，不會苦幹白幹一場。運用卜筮準確預測未來，可能提高成事的公算，這便是「定天下之吉凶，成天下之亹亹」。

由蓍龜這卜筮的工具，便扯到了最有爭議的河圖洛書的末段。「天生神物」，顯然是指蓍龜，這和前文「興神物以前民用」雖然呼應，氣勢已完全不同。在卜法、筮法未發明前，蓍龜這枯草朽骨有什麼用呢？下文云「聖人則之」，怎麼則？則什麼呢？「天地變化，聖人效之」，固然合於大《易》取法自然的路數。「天垂象，見吉凶」，不免令人聯想到星象方面的問題，下云「聖人象之」，更加深這種疑慮。「河出圖，洛出書，聖人則之」，終於在一片氣氛的烘托下，點出正題。此處是不是後人誤增，或有意為之的衍文，確實應該冷靜思量。河圖洛書容有真理，本身自成一套邏輯，但要說必與《易經》有關，且為畫卦之所本，實在難通。龍馬負圖的神話傳說，更荒謬之至！漢代陰陽五行之說盛行，迷信難以自拔的學者，在〈繫辭傳〉中動手腳，並非不可能。同樣，《論語・子罕篇》中，一段孔子的感喟：「鳳鳥不至，河不出圖，吾已矣夫？」也大成問題。《春秋公羊傳》有微言大義，然而東漢何休所作的《解詁》中，卻充斥讖緯迷信的色彩，甚至有孔子預先「為漢立法」的鬼話。逢迎當道，以偽掩真，於此可知。

本章最後幾句怪怪的，跟前文不易銜接。「易有四象，所以示也」，四象只是八卦定局前的中間產物，如何示呢？若以四時變化當四象，還勉強說得通，也嫌突兀，沒頭沒腦。金景芳先生（一九〇二—二〇〇一，著名歷史學家、易學家）認為應是爻象之誤，後人因前言「兩儀生四象」而誤改。《易》有爻象，指示吉凶，再繫上爻辭，明確告知，吉凶既定，便可當機立斷，速行趨避之道。

第十二章　明道若昧

《易》曰：「自天佑之，吉无不利。」子曰：「佑者，助也。天之所助者，順也；人之所助者，信也。履信思乎順，又以尚賢也。是以『自天佑之，吉無不利』也。」

子曰：「書不盡言，言不盡意。」然則聖人之意，其不可見乎？子曰：「聖人立象以盡意，設卦以盡情偽，繫辭焉以盡其言，變而通之以盡利，鼓之舞之以盡神。」

乾坤，其易之縕邪？乾坤成列，而易立乎其中矣！乾坤毀則無以見易。易不可見，則乾坤或幾乎息矣！是故形而上者謂之道，形而下者謂之器，化而裁之謂之變，推而行之謂之通，舉而措之天下之民謂之事業。

是故夫象，聖人有以見天下之賾，而擬諸其形容，象其物宜，是故謂之象；聖人有以見天下之動，而觀其會通，以行其典禮，繫辭焉以斷其吉凶，是故謂之爻。極天下之賾者存乎卦，鼓天下之動者存乎辭，化而裁之存乎變，推而行之存乎通。神而明之，存乎其人，默而成之，不言而信，存乎德行。

盡善盡美

本章為〈繫辭上傳〉末章，從《易經》特有的象徵符號的表達方式談起，檢討易與乾坤的關係，道和器的貫通聯繫，最後歸結於社會群體的實踐。首段為孔子對大有卦上九爻辭的發揮詮釋，和後文不相干，應屬錯簡。有人認為原在上傳第八章，其實屬下傳第五章亦有可能。

「自天佑之，吉无不利」的觀念，在〈繫辭傳〉中出現三次：上傳第二章、下傳第二章及本章，可見孔門思想對此爻含義的高度重視。以下即是孔子第一手的解釋。

上天所幫助的，必是那些順天理行事的人；人會幫助別人，一定是因為對方值得信賴。一個人若能依誠信行事，思維順乎天理，再懂得尊重賢者，必蒙上天福佑，獲致成功，且無任何後患。尚賢之說，應與六五君位上承上九有關；天助人助，實皆由於自助。孔子簡潔明快，剔除了天佑可能涵蘊的迷信色彩，履信思順，又是知行合一之理。遏惡揚善，方能順天休命，一點也不含糊。

「書不盡言，言不盡意。」孔子此言道破了語言文字的局限。書寫的文字有篇幅的限制，完全暢所欲言很難，即使已經說出寫出的話，也沒有辦法充分表述我們心中的意念。一般生活經驗的傳達，尚且如此，那些形而上的終極真理，就更難與人分享了！《老子》五千言，開章便稱：「道可道，非常道；名可名，非常名。」禪家不立文字，明心見性，所謂：「言語道斷，心行處滅。」都於此有深刻的共識。

那麼，《易經》作者悟道後心中的意念，要怎樣傳達予後人知曉呢？孔子以一連串五個「盡」字的組句，做了最圓滿的回答。

「立象」是《易經》最大的發明，由爻象而卦象，由三畫卦而六畫卦，所組合而成的龐大象徵系統，其精緻實用，已為易學中人所深曉。只要熟悉卦爻的基本寓意及衍伸應用，其詮解表述的功能，真是無窮無盡。

設卦透過人為的設計，將立象規範化，所謂天下萬象難逃《周易》，八八六十四這個數字，意義非凡，恰與生命遺傳基因的組合數相當，看來應非巧合。「情」是真實情狀，「偽」是虛妄，「設卦以盡情偽」，卦象恰如混沌魔鏡，既觀自在，又照見五蘊皆空，度一切苦厄。

伏羲當年立象設卦，還在前文字期。文字發明以後，繼之而有卦爻辭的創作，運用精簡的文字，以總結前人的經驗，這便是「繫辭焉以盡其言」。由於已有數千年錘鍊成型的卦象在先，卦爻辭的文字皆有源有本，且息息相關，本質上和直接說理的文字截然不同，是以前稱「書不盡言、言不盡意」，此處卻說繫辭能盡其言。立象、設卦、繫辭，這三個階段的發展步驟，已充分圓熟了《易經》的象徵體系，使之具備強大的解析功能。

「變而通之以盡利」，講的是從理論到實踐，從悟道進而證道之事。〈繫辭上傳〉第五章：「通變之謂事。」前人智慧和經驗的累積產生的易理，後人必須藉著本身的實踐，學而時習之，才能真正了悟，也才可能與時俱進，而有更新的創造。易象易理是活的，決非刻板僵硬的教條，載之空言，永遠不如見諸行事之深切著明。「盡利」的「利」字，取義於秋收以刀割麥，看來習《易》

真要豐收有成，還非得懂得變通！

〈序卦傳〉云：「蠱者，事也。」「幹父之蠱」，改革有成的關鍵即在通變，逝者已矣，合於古者未必能行於今。蠱卦〈彖傳〉稱：「往有事也。」勉勵後繼者當惕厲奮發，自行解決當代的問題。初六〈小象傳〉云：「意承考也。」「意」字真用得好！承其意不承其法，正是基於時變的考量。「聖人立象以盡意」，後人學《易》當觀象以知意，得意盡可忘象，不必於象上再生執著。象尚可忘，層次更露的卦和辭，自不用說，所以王弼又說「得象忘言」。

蠱卦（䷑）上艮下巽，為密閉空間中空氣不流通的象，容易滋生病菌，正和皿中有蟲的「蠱」字原義相合。時光流逝，封閉體制內的任何東西必生敗壞，株守戀棧無益。蠱卦六爻一路「幹父之蠱」，至上九終於打開新局，盡除依傍。爻辭云：「不事王侯，高尚其事。」「其」是自己之意，樹立了當代人自己的風範，不再依循舊軌。爻變成升卦（䷭），「升」之前為萃卦（䷬），萃取前人的精華，發揚光大，提升至新的境界。卦序蠱卦之後為臨卦（䷒），其〈大象傳〉稱：「君子以教思无窮，容保民无疆。」開放自由，鼓勵參與和創意。蠱卦上九〈小象傳〉云：「志可則也。」從「意承考」到「志可則」，蠱卦的天蠶再變，推陳出新，都從真誠任事而來。「變而通之以盡利」，孰不云然？

改革變通之事欲成功，必須爭取群眾的支持，改革的目的，也是為了開放群眾參與。這由臨卦初、二爻，爻辭皆標榜「咸臨」即可知。同樣，「鼓之舞之以盡神」所揭示的，也是號召、激勵群體行動的意境。聖人作《易》，不是只為個人的趨吉避凶，而在群體的開物成務。盡己之性、盡人之性、盡物之性；先知覺後知，先覺覺後覺，而後與天地參。由真知而力行，由個體到群體，這才是易學精神的極度發揮。「一陰一陽之謂道」，「陰陽不測之謂神」，神是道體發用的最高境界。《荀子・儒效篇》有云：「盡善挾洽之謂神。」

不言之教

由於「書不盡言，言不盡意」，易象的表達又特有不言之教。習《易》者須善會絃外之音，才能解悟更豐富的含義。

以六爻爻辭而論，爻辭中嵌入卦名是常態，但其中一些極端的例證值得注意。

需卦（䷄）初至五爻皆言「需」，僅上爻不言「需」。表示最後需求已獲滿足，勿須再焦灼等待。故云：「敬之，終吉。」

師卦（䷆）初至五爻皆言「師」，僅上爻不言「師」。表示戰爭已經結束，當論功行賞。故云：「大君有命，開國承家。」

蠱卦（䷑）初至五爻皆言「蠱」，僅上爻不言「蠱」。表示改革已經成功，特權瓦解，全民參政。故云：「不事王侯，高尚其事。」

旅卦（䷷）君位六五獨不言「旅」，表示「王者无外」。在文明創造上有偉大貢獻者，屬於全人類的資產，而非任一國族的專利，已無所謂旅不旅。故爻辭云：「終以譽命。」

兌卦（䷹）君位九五獨不言「兌」，一則表示為君難，執政不在多言，喜怒不形於色。再則先天下之憂而憂，高處不勝寒，也的確沒有多少喜悅可言。正因為如此，極度孤寂的心境下，才會被上六君側之人所迷惑，而影響了統御的威望。故其爻辭云：「孚于剝，有厲。」

剝卦（䷖）君位六五獨不言「剝」，反有整合群陰、順承上九之意。表示其默察大局，見識深遠，虛尊已過氣之孤陽，而為下一卦「七日來復」之復卦（䷗）在做準備。〈彖傳〉中所稱：「順而止之，觀象也。」正指此爻而言，剝極而復的真正關鍵在此。

明夷卦（䷣）上六獨不見「明夷」，而云「不明晦」。可見其為黑暗中心，本身不光明，卻能傷人之明。謙卦（䷎）君位六五獨不言「謙」，反有侵伐之辭。為了維持國際和平，不得不以戰止戰。另外，如頤卦（䷚）六五不言「頤」、損卦（䷨）六五不言「損」反言「益」、咸卦（䷞）九四不言「咸」、蒙卦（䷃）六三不言「蒙」、遯卦（䷠）六二不言「遯」、渙卦（䷺）初六不言「渙」等，仔細推敲起來，都別有深意。

依前例類推，六爻皆嵌入卦名者，亦有其強調之意。臨、觀（䷓）二卦，六爻全言「臨」、全言「觀」，表示人生無時無刻不在參與和觀想，這是無從擺脫的生存情境。震（䷲）、艮（䷳）二卦，六爻全言「震」、「艮」，人生動靜行止亦然。「萬物出乎震，成乎艮」，終而復始，悠悠無盡。賁卦（䷕）六爻全言「賁」，人生在世難免色相習染，歸真反璞，談何容易？復卦六爻全言「復」，靈明自性恒存。履卦（䷉）六爻全言「履」，待將全程歷盡，方知如是因果。其他如比（䷇）、蹇（䷦）、困（䷮）、井（䷯）、鼎（䷱）、漸（䷴）諸卦，六爻亦全言卦名。善自體會，皆有甚深義蘊。

爻辭創作善用對比，合而觀之，文意自現。例如否卦（䷋）六三，精簡到只有「包羞」二字。而泰卦（䷊）九三卻長達二十字，反覆申誡，唯恐人一路通泰，攀登峰頂後，生驕侈之心，遂致形勢逆轉。一旦泰極否來，跌落否卦六三的谷底，多言無益，只能善自遯藏，以期熬過痛苦後，有復甦的機會。否卦六三爻變，即為遯卦，其〈大象傳〉稱：「君子以遠小人，不惡而嚴。」否卦世道太壞，小人道長，君子道消，所謂道不同不相為謀，一切溝通抗告無效。「包羞」二字，真有悲極無言的況味。

泰卦九三登峰造極，為時甚短，六四起由天入地，一瀉千里，至上六「城復于隍」，一切跌回原點。由於泰卦三陰三陽互通順暢，上六和九三相應與，故而上六的下場，在九三時可以感測得知。九三爻辭中遂出現「无平不陂，无往不復」的預警，進而做「艱貞无咎，勿恤其孚」的調整，終至趨吉避凶，「于食有福」。

否六三深處谷底，漫漫難熬。九四起的復甦，至上九「傾否」，恢復正常，相當吃力。由於否卦陰陽閉塞不通，對六三而言，完全看不到前景，也只有苦撐忍耐。

泰極否來的例證，明示我們建設維艱、破壞輕易之理。所謂「為善如登，為惡如崩」，類似的情況，亦見於剝、復、夬、姤四卦。

剝卦五陰剝一陽，形勢岌岌可危，卦辭僅云：「不利有攸往。」區區五字，消亡指顧間事。復卦一陽來復，重生再造得費時經年，卦辭花了二十一個字叮囑，最後才稱：「利有攸往。」姤卦

（䷫）五陽下一陰生，危機初見，卦辭云：「女壯，勿用取女。」見微知著，如臨大敵。夬卦（䷪）五陽決一陰，佔盡壓倒優勢，卦辭卻仍用十九個字，集思廣義，力持戒慎。

元亨利貞為乾卦四德，代表天理流行及人事應然之理。蒙、需、同人、離、咸、恒、遯、萃、兌、渙、小過、既濟十二卦，卦辭皆有「亨利貞」，獨欠「元」字。可見該卦元德不顯，須修持以復元。蠱卦卦辭有「元亨利」三字，獨不見「貞」。「貞者」，「事之幹」，故須「幹父之蠱」，以撥亂反正。

必誠其意

總括以上的討論，我們發現聖人之意，其實是透過象、卦、辭，甚至實際行動，種種不同的方式在巧妙地表達。研《易》習《易》的關鍵，就在能否真正會通其意。

「意」字若依《說文解字》的解釋，為「志也，從心從音，察言而知意也。」而「志」字又云：「意也。」以「心之所之」取義。志、意二字互訓，但揆諸經典的用法，應有細微的不同。「志」字應指意念已成型、主張已確定而言。孔子自述年十五而志於學，又稱有志於大道之行。東漢經學家何休於《公羊傳》序言中稱：「孔子有云：『吾志在《春秋》，行在《孝經》。』」一人志向一定，就想付諸實踐，終身行之而不悔。明末清初思想家王船山（王夫之）以「心之所主」釋志，可謂卓識。

「意」字才是「心之所之」，念慮初動，尚未完全定型，還有很多發展的可能。前述「幹父之蠱」，先是「意承考」，最後「志可則」，受前人創意啟發，終於自立風範，即揭示此義。《大學》八條目，誠意在正心之前，若說修齊治平為志，則先得從誠意入手。以心音、心聲釋義，不如以「立日心」釋之，更為精當。

《易經》舊版中有兩個特殊字：一是「无」，无妄、无咎、无悔，雖通「有無」之「無」，字源上應與天、元有關。另一則是恒卦的「恒」字，較正常寫法少了一橫。常體「恆」字，取義「亙古之心」，此心永遠不變為「恆」，固是正理。易經「恒」字，以「一日心」為「恒」，更見親切。一日之間晝夜交替，具陰陽變化之義，要維繫此心常定，已屬不易。《論語‧里仁篇》孔子即感嘆：「有能一日用其力於仁矣乎？我未見力不足者，蓋有之矣，我未之見也！」以顏回之賢，「其心三月不違仁」，其餘孔門高才，則「日月至焉而已矣」！曾子一日三省其身。《大學》稱「苟日新，日日新，又日新」。《尚書》云：「一日二日萬幾。」「一日心」為「恒」，大有深意。

恒卦（䷟）〈大象傳〉云：「君子以立不易方。」既然「一日心」為「恒」，則「立日心」為「意」，正點出誠意功夫。益卦（䷩）與恒卦相錯，上九求益過度，爻辭即稱：「立心勿恒，凶。」

誠意正心恰為无妄卦（䷘）之象。无妄卦後為大畜卦（䷙），〈彖傳〉云：「日新其德。」前為復卦，七日來復，以見天地之心，皆以日計。《大學》論誠意前，先談慎獨。復卦六四爻辭即云：「中行獨復。」〈小象傳〉再釋：「以從道也。」其修行的義理層次，完全切合《中庸》的論述：「道也者，不可須臾離也，可離非道也。是故君子戒慎乎其所不睹，恐懼乎其所不聞，莫見乎隱，莫顯乎微，故君子慎其獨也。喜怒哀樂之未發，謂之中……中也者，天下之大本也。」

復卦「六四」爻變，成震卦（下圖）。〈說卦傳〉稱：「帝出乎震……萬物出乎震。」震為一切眾生之象，其〈大象傳〉云：「君子以恐懼修省。」又合戒慎恐懼的慎獨之理。易理精微，息息相關。由此亦可見，《易經》經傳必經過孔門儒者一番精心整理，所謂金聲玉振集大成，絕非虛言。

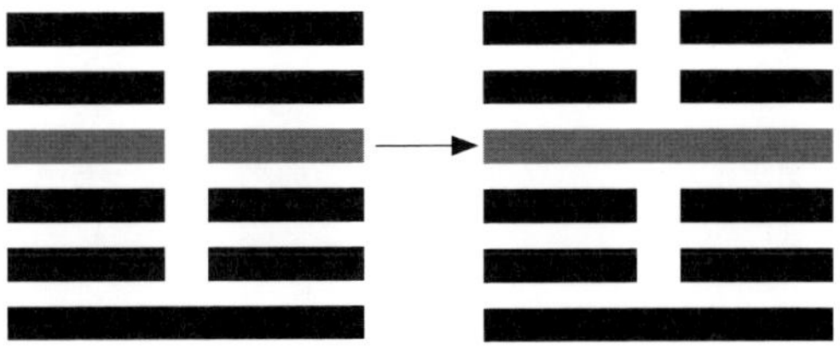

復卦　震卦

《大學》又言：「欲誠其意者，先致其知，致知在格物。」依據本書在〈繫辭上傳〉第四章的討論，格物致知之「知」，指「良知」而言。復卦見天地之心，復以自知，正是良知發用。良知發用並非空泛的精神運作，必與萬物接觸交感、測度印證，而生出各類知識和智慧，此即致知在格物，「能知」和「所知」合而為一。「在」字表示當下即是，和三綱領的「在明明德、在親民、在止於至善」之「在」同義。稱致知在格物，而不稱「欲致其知者，先格其物」，即表示「能」「所」不二，實無時間上的先後可言。

論證至此，又可回到〈繫辭傳〉首章的命題：「乾知大始，坤作成物，乾以易知，坤以簡能。」乾坤合德，心物合一，才是宇宙存在的真相，才有生生不息的創化歷程。上古聖人格物致知的結果，誠了聖人之意，立象、設卦、繫辭而創作了《易經》。後人欲解悟聖人之意，也得格物致知，自誠其意，由言觀象，悟象得意，才能真正豁然貫通。「易簡而天下之理得，天下之理得，而成位乎其中矣！」往下遂又談乾坤。

道器一貫

依熊十力先生的見解，乾為生命、心靈，坤為物質、能力的總名。宇宙即由心物或稱乾坤所組成，一切生生不息的變化，皆乾坤相反相成，相激相盪而來。「縕」本為衣服內的棉絮，引申為內涵之義。乾坤為「易之縕」，「乾坤成列」，即兩儀相對，剛柔相推，而生變化，故稱「易立乎其中」。乾坤若以天地取象，又成了〈繫辭上傳〉第七章所謂：「天地設位，而易行乎其中矣！」

「乾坤毀」，失去了相對激揚的力量，孤陰不生，獨陽不長，自然無法顯現生生的變化。生機一停滯，乾坤也就幾乎不能再繼續存在。「或幾乎息」四字，說得可真有意思，究竟「息」了沒有？恐怕還是既濟、未濟，又會有意想不到的新的變化。以天地成毀而論，我們所存身的這個浩瀚宇宙，在一百五十億年前是什麼？一兩百億年之後又會如何？永遠是個思之不透、耐人尋味的問題。有人學《易》，喜歡追問：乾卦之前、未濟之後是什麼？究竟有沒有所謂先後？

以宇宙論的角度看，自然的演化是有先後，以本體論或存有論來看，則無先後可言。作為最高存有的道，無定在又無所不在，本章以「形而上者」稱之。至於一切有具體形質的存在，則稱

「形而下者謂之器」。上下並不等同於先後，而是指存在的層級而言。〈雜卦傳〉稱：「離上而坎下也。」「上」有向上提升之意，下學而上達，即由器悟道，因用證體。前章有云：「形乃謂之器。」換言之，所謂形而下者，應包括形在內，形而上者，卻不可以定形拘之。

乾卦〈彖傳〉說得好：「大哉乾元，萬物資始，乃統天。雲行雨施，品物流形。」「乾元」即道，由體起用，才有形形色色的萬物出現。流形的「流」字用得神妙，造化自然，隨緣觸機，確確不可思議。由萬物而品物，有了演化層級的差異。人為萬物之靈，見天地之心，為物形中最上品。孟子有云：「形色，天性也；惟聖人然後可以踐形。」人身難得，人形不易，聖人盡己之性、盡人之性，充分實踐和發揚光大了人的天賦。

乾卦〈彖傳〉接著說：「大明終始，六位時成，時乘六龍以御天。」很明顯，也是看重人在萬物萬形中的殊異性。「大人以繼明照于四方」，精神文明的光輝燦爛，薪盡火傳，堪稱宇宙造化的奇蹟。

〈繫辭傳〉本章所稱的形上形下，貫通道器的關鍵在人，由下文緊接著談變通行事，即可得知。「化而裁之謂之變」，「化」指自然的造化，「變」指人事的變革，「裁」即泰卦〈大象傳〉稱「財（裁）成輔相」之「裁」。自然的造化未必宜於民生，人還得斟酌裁度，加工改造，以推動文明進步。故而又云：「推而行之謂之通。」泰卦的主旨，不就在求亨通嗎？

「舉而措之天下之民謂之事業」，明確表露〈繫辭傳〉作者福國利民的思想，以及重視社會群體實踐的精神。這和前段變通以盡利、鼓舞以盡神的主張，完全切合。

往下一大段，已見於〈繫辭上傳〉第八章開頭，但並非錯簡重出，而是反覆申明。本章既談到立象的問題，遂以「是故夫象」四字作連結，將已有規範定義的象、爻整段套用，然後再拉回議題，和變通鼓舞的主旨結合。

「賾」是複雜幽深、形形色色。「極天下之賾者存乎卦」，極力讚嘆易卦的包羅萬象、曲盡人情。「鼓天下之動者存乎辭」，三百八十四爻的爻辭，對各種變化的掌握，精確允當，足以鼓舞天下人積極熱情地行動。「化而裁之存乎變，推而行之存乎通」，將前段「謂之」改為「存乎」，理論的定義，轉為行動的功效矣！

「神而明之，存乎其人。」可謂全章主旨的畫龍點睛。「神」為道體陰陽不測之用，「明」指人文光顯之功。神能明之，完全得靠人的作為。人能弘道，非道弘人；苟非至德，至道不凝焉。

「默而成之，不言而信，存乎德行。」作為全章的總結，以呼應一開頭「書不盡言，言不盡意」的問題，真是豁然開朗，勁道十足。一連六個「存」字，本章明示的習《易》之道，繼往開來，永世長存。

繫辭下傳

第一章　其匪正有眚

八卦成列，象在其中矣；因而重之，爻在其中矣；剛柔相推，變在其中矣；繫辭焉而命之，動在其中矣。吉凶悔吝者，生乎動者也；剛柔者，立本者也；變通者，趣時者也；吉凶者，貞勝者也。天地之道，貞觀者也；日月之道，貞明者也；天下之動，貞夫一者也。夫乾，確然示人易矣；夫坤，隤然示人簡矣。爻也者，效此者也；象也者，像此者也。爻象動乎內，吉凶見乎外，功業見乎變，聖人之情見乎辭。天地之大德曰生，聖人之大寶曰位。何以守位？曰仁。何以聚人？曰財。理財正辭，禁民為非，曰義。

因革損益

本章為下傳首章，行文語法和上傳首章有些相似。上傳從天地自然談起，本章則直接提卦爻符號，且明顯以人事為依歸。

「成列」有陰陽相對之義，乾、坎、艮、震四陽卦，和巽、離、坤、兌四陰卦，在後天八卦方位（下圖）中兩兩相對，呈現出豐富的卦象變化。八卦和八卦相交，三畫卦疊積成六畫卦，爻的意義正式確立。依據爻在卦中的不同時位，寫出精緻的爻辭，以深刻反映其變動趨向，指引人正確地行動。人生一切吉凶悔吝，都由行動中產生，所以沒真正看清楚形勢前，切勿輕舉妄動，以免致咎。

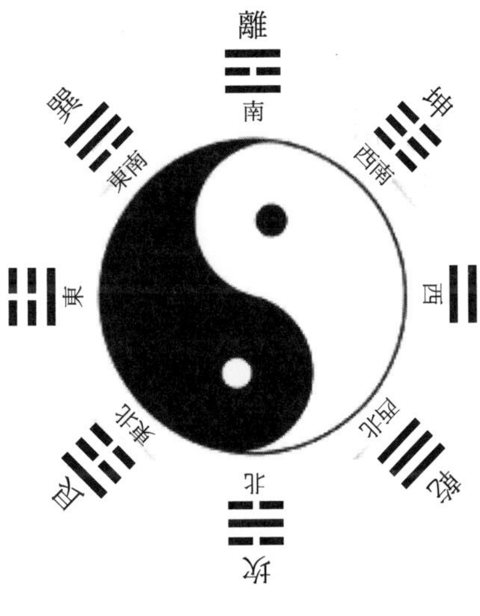

後天八卦方位圖

爻代表變化，因所處時位不同，而有不同的考慮和作為。「因而重之」四字，提醒人所有的變動都有源有本，歷史事實是不容割裂的，創新仍建立在對傳統的承襲上。

《論語・學而篇》記述有子的主張：「因不失其親，亦可宗也。」舊注親近應該親近的人，則可宗法敬重，可謂完全不知所云。「親」字同《大學》「在親民」之「親」，即「新」之意。因不失其新，因襲傳統卻不失去創新的能力，這種人才值得學習，才是可開宗立派的人物。《論語・為政篇》云：「子曰：『溫故而知新，可以為師矣！』」溫故能知新，新由故出，有因有革，這種人才配傳道、授業、解惑。〈學而篇〉有若之言，和〈為政篇〉孔子之言完全同調，師徒一脈相承。「親」字必得解釋成「新」字，才和有若前面說的話相應：「信近於義，言可復也；恭近於禮，遠恥辱也。」一味守信、謙恭，反而違禮害義，自取其辱，不值得讚美。同樣，只會因循傳統，無能創新，也不足以效法。

「吉凶悔吝生乎動」，震卦（䷲）大動特動，初九「吉」，上六「征凶」，以吉始，以凶終。艮卦（䷳）不動，卦辭不見「元亨利貞」，亦不言吉凶悔吝，只強調无咎。爻則以初六「无咎」始，六五「悔亡」，上九轉「吉」終。艮卦止欲修行，九三為最難過的天關，爻辭有云：「列其夤。」「列」同「裂」，「夤」為夾脊肉，僵硬斷裂，痛苦不堪。八卦成列、乾坤成列，皆有一分為二、二分為四、四分為八的依序裂解之意。

爻分剛柔為其本性，難以移轉，而剛柔之間互動變化，卻得以趨時、應時為判準和目標。「趣」同「趨」，為低頭疾行之意。人生見大勢所趨，欲趨吉避凶，必須快速行動，以掌握先機。但是，吉凶畢竟只是失得之象，此吉彼凶、短空長多之事，在所多有，無須過度計較。真正值得重視的，還是「元亨利貞」的「貞」。「貞者，事之幹」，貞固足以幹事。蠱卦卦辭無貞，不能固守正道，所以腐亂敗壞。「幹父之蠱」，力行改革，才能撥亂反正。

貞勝吉凶

萬事萬物欲長期存在，非貞不可，爭千秋不爭一時，故而貞才是最後勝出之大道。人生行事，面臨重大抉擇時，當問正不正，不必太在意吉凶。所以各卦之爻辭言貞吉、貞凶、貞厲、貞吝，而卦辭則多稱利貞。爻為一時之變，重個體的考慮，卦則整體宏觀。貞的結果，短期會有吉、凶、厲、吝，長遠看卻總是有利。

天地日月，亙古已存，交相輝映，運載不息，也是貞道的顯現。乾卦卦辭言「元亨利貞」，即表示自然運行的法則，以元始，以貞終，然後貞下起元，終而復始，生生不息。貞觀之「觀」，即觀卦的「觀」，既垂象以示人，人們仰觀俯察，深受啟發，又從中獲得許多智慧。觀我生、觀自在、觀世音，故而自覺覺人，君子無咎。觀音菩薩又稱正法明佛，由觀得正，依正而明，可謂貞觀貞明。唐太宗有名的「貞觀之治」，「觀民設教而天下服」，亦典出於此。

既然吉凶悔吝生乎動，而貞又可超克吉凶，故天下萬事萬物之動，皆可貞之於一，化繁為簡，以簡馭繁。「貞一」的思想和道家的主張相近，〈繫辭傳〉兼容儒道二家之長，於此又見。

老子重一，五千言中處處可見：「載營魄抱一，能無離乎？」「少則得，多則惑，是以聖人抱一，為天下式。」「昔之得一者，天得一以清，地得一以寧，神得一以靈，谷得一以盈，萬物得一以生，侯王得一以為天下貞。」天清地寧，神靈谷盈，乃至萬物之生，皆由得一而來。末句「侯王得一以為天下貞」，幾乎就是「天下之動貞夫一」的翻版。「一」究竟是什麼？答案應為：「道生一，一生二，二生三，三生萬物，萬物負陰而抱陽，沖氣以為和。」

既云「道生一」，一即不是道。說「一」是「太極」，「一生二」是「生兩儀」，於理亦未洽。熊十力發揚其體用不二、翕闢成變之論，認為一為道體顯用，斯名恒轉；二為收凝的翕勢，以成物；三為同時俱起的闢勢，以明心。心物合一，相反相成，遂生無窮之變。此說將老子之言，與大《易》三爻成卦之旨牽合，以明宇宙變化的法則，理趣深微。無論是否符合老子原意，均刺激人從易象中去思考「二」的含義。

伏羲神智天啟，一畫開天地，一實線的陽爻符號，涵蘊無窮，乾知大始。有一便有二，這二便與一相反，虛線的陰爻符號，代表坤作成物。有二同時便有三，三不即是一，卻根據一而與二反，能轉化二以歸於和，遂完成全體的發展變化。所謂：「乾道變化，各正性命，保合太和，乃利貞。」

復卦（䷗）五陰下一陽生，純陰的坤體中，重現陽剛的精神。〈彖傳〉所謂：「剛反，動而以順行……見天地之心乎！」正是二生三，三據一轉二，以歸於和之象。卦序復卦後為无妄卦（䷘），〈大象傳〉稱：「茂對時，育萬物。」即三生萬物。老子不斷強調得一，又稱「反者，道之動」，致虛守靜以觀復，應和復卦原理有關。

建功立業

有貞一之德的復卦，既備乾坤之象，故有小父母卦之稱。「乾知大始，坤作成物，乾以易知，坤以簡能」，〈繫辭上傳〉首章開宗明義的綱領，易簡以成的大原則，於下傳首章再現。

「夫乾，確然示人易矣；夫坤，隤然示人簡矣。爻也者，效此者也；象也者，像此者也。」乾坤是一切生生變化的基模，所有爻辭、卦象皆依此而立。易簡的自然法則，主導著一切宏觀和微觀的心物現象。「確然」為堅固高大之貌，明確、精確。〈文言傳〉稱潛龍，為「確乎其不可拔」。

「隤然」為柔順低平之狀。乾坤以天地取象，實明心之理與物之勢，皆為宇宙間固有知能，歷歷真實，不容置疑。「示」字本義為三角供桌，桌面擺塊肉，以祭祀天地神明，從精誠的天人互動中獲得啟示。中文以「示」為偏旁的字，全與祭祀有關。《說文解字》釋「示」字為：「天垂象，見吉凶。」直接引用〈繫辭上傳〉第十一章的文句，也算達意了。

既然天地乾坤示人吉凶之象，而爻、象又仿此而作，當然「爻象動乎內，吉凶見乎外」。我們根據卦爻變動的情形，了解形勢，做出決策，而行動的結果，吉凶禍福就顯現於外。

〈繫辭上傳〉十一章稱：「八卦定吉凶，吉凶生大業。」人生建功立業，必從不斷的變動歷練中得來。趨吉避凶，開物成務，習《易》的目的即在於此。故本章又稱：「功業見乎變。」《易經》作者針對人生種種不同的情境，所精心撰述的卦爻辭，設想周到，簡潔有效。充分顯現其深厚的修為，以及建構人文世界的熱切關懷，這便是「聖人之情見乎辭」。

正位凝命

自然界最偉大的功能，即創生萬物。乾、坤二卦之後，接著是象徵物之始生的屯卦（䷂）。人生天地之間，為天地立心，可贊天地之化育，與天地參。《中庸》稱：「天地位焉，萬物育焉。」復卦一元復始，萬象更新，繼之以无妄、大畜、頤……一直發展到高度精神文明的離卦，所講述的是人的特殊地位。這種二生三、三生萬物，生生不息的人文創造，正是千古聖人一脈心傳最重要的寶藏。

過去專制時代，稱皇帝為大寶之位，所謂榮登大寶云云。其實「位」為時位，為德位，自性若明，位無貴賤可言。乾卦〈彖傳〉即云：「大明終始，六位時成，時乘六龍以御天，乾道變化，各正性命。」易卦六爻，既代表組織中從基層至高層，各個不同的位階，也象徵終而復始的奮鬥歷程。位不能脫離時，空間規劃，權力佈局，必然與時勢變化有關。在每一個不同的時位，我們都得發揮最大的創意，以求取最佳的結果。陽爻居陽位、陰爻居陰位，稱當位、得位或正位；反之則位不當、不正。既濟（䷾）六爻位皆正當，遂獲成功。未濟（䷿）六爻皆不當位，故致失敗。漸卦（䷴）中四爻得位，〈彖傳〉稱：「往有功也。」歸妹卦（䷵）中四爻位不當，卦辭云：「征凶，无攸利。」

乾卦（䷀）九五中正，處大權在握的君位。〈文言傳〉稱：「乃位乎天德。」天德好生尚公，最高領袖當善體斯意，為民謀福。若以權謀私，剛愎自用，自然走上上九「亢龍有悔」之路，成了「貴而無位，高而無民」的獨夫。小畜卦（䷈）六四夾處於眾陽之間，〈彖傳〉稱：「柔得位而上下應之。」以小事大，費心周旋，爻辭稱：「血去惕出，无咎。」謙卦（䷎）九三卑處於群陰之間，爻辭稱：「勞謙君子，有終，吉。」〈繫辭上傳〉稱：「致恭以存其位者也。」革卦（䷰）上下易位，鼎卦（䷱）正位凝命，革故鼎新的非常事業，即與時位、德位攸關。艮卦〈大象傳〉稱：「思不出其位。」不在其位，不謀其政。震卦〈彖傳〉稱：「出可以守宗廟社稷，以為祭主也。」既尸其位，必謀其政。

得位不易，守位同樣艱難，五日京兆不可能有實際貢獻。守位的關鍵在仁，仁為二人偶，意指陰陽兩性的結合，可孕育下一代，故有生生之意，果實內的種子便以核仁為名。復卦一陽復始，初九便取象為仁。

《論語・里仁篇》有云：「君子無終食之間違仁，造次必於是，顛沛必於是。」不違仁即能守位。顏淵「其心三月不違仁」，克己復禮，天地之心耿耿常在，故為復卦義理的代表，入廟稱為「復聖」。《中庸》發揮斯義，更有素位而行的觀念：「君子素其位而行，不願乎其外。素富貴，行乎富貴；素貧賤，行乎貧賤；素夷狄，行乎夷狄；素患難，行乎患難。君子無入而不自得焉。」

「位」字以人立為義，特別凸顯人的價值和功能，「不患無位，患所以立」。居位者若有仁德，即能寬厚待人，且有創造性的表現，如此當然贏得眾人的擁戴。但聚眾以成事，仍非錢莫辦，金錢不是萬能，沒錢萬萬不能，所以必須理財。財帛動人心，最容易起弊端，理財的要點須公正、公平、公開，每筆金錢的流向都有完整的監控，以防止不肖者上下其手，這才合乎公義原則。「正辭」即義正辭嚴，大公無私，經得起最嚴格的質詢和考驗。益卦（䷩）上九求益過度，立場偏私不正，遂遭外界抨擊。〈小象傳〉稱：「莫益之，偏辭也；或擊之，自外來也。」「偏辭」，即偏離了正辭的大原則，無論如何曲意迴護，皆難服眾。

其實天下事簡單來說，就是用人和理財。萃卦（䷬）集結精英以成事，除「王假有廟」的精神共識外，也得有雄厚的物力資源，「用大牲吉」，才「利有攸往」。集資聚眾，人才錢財，缺一不可。鼎卦（䷱）以公權力推動國家建設，任得其人，及資金投入是必備要件。〈彖傳〉所稱：「聖人亨以享上帝，而大亨以養聖賢。」即指此而言。

《大學》末段講平天下的偉大事業，也不外乎理財用人：「君子先慎乎德，有德此有人，有人此有土，有土此有財，有財此有用……財聚則民散，財散則民聚。是故言悖而出者，亦悖而入；貨悖而入者，亦悖而出……惟善以為寶……仁親以為寶……生財有大道：生之者眾，食之者寡，為之者疾，用之者舒，則財恒足矣！」幾乎是本章末段義理的翻版，儒門特色表露無遺。

綜觀本章的行文理路，一直環繞著復卦的人文意涵在發揮。「吉凶悔吝生乎動」，「天下之動貞夫一」，「仁以守位曰大寶」，在在強調人的創造精神。復見天地之心，直承乾坤二卦的易知簡能。〈繫辭上傳〉首章已明易簡自然之義，本章再揭示人道生生之理，可謂前後呼應。數千年前〈繫辭傳〉的作者或編者，深具匠心，大有上傳「明天道」、下傳「演人事」之意。

復卦之後為无妄卦（䷘），天地之心雖現，仍須加意修持，才能歷經大畜、頤、大過、坎等卦的重重考驗，而綻放離卦（䷝）所象徵的光輝燦爛的精神文明。天命无妄，宇宙人生真實不虛。但人心惟危，道心惟微，貞一精一的功夫，談何容易？稍一偏離失正，即涉虛妄。无妄卦卦辭繼「元亨利貞」之後，有云：「其匪正有眚，不利有攸往。」確是人生修行、性命交關的經驗之談。此關若過，大畜卦續言利貞，內外兼修，而獲頤卦（䷚）養正之吉。貞正之道，不受形體年壽之限，肉身殞滅之後，仍薪盡火傳，「大人以繼明照于四方」。大過之顛滅、習坎之重險，而後終至「重明以麗乎正，乃化成天下」。離卦卦辭再云「利貞」，以為天生人成之總結。上經三十卦所述，實即源於「貞觀」，動於「貞一」，成於「貞明」。貞勝吉凶，孰云不宜？

第二章　制器尚象

古者包犧氏之王天下也，仰則觀象於天，俯則觀法於地，觀鳥獸之文，與地之宜，近取諸身，遠取諸物，於是始作八卦，以通神明之德，以類萬物之情。作結繩而為罔罟，以佃以漁，蓋取諸離。

包犧氏沒，神農氏作，斲木為耜，揉木為耒，耒耨之利，以教天下，蓋取諸益；日中為市，致天下之民，聚天下之貨，交易而退，各得其所，蓋取諸噬嗑。

神農氏沒，黃帝堯舜氏作，通其變，使民不倦，神而化之，使民宜之。易窮則變，變則通，通則久，是以自天佑之，吉無不利。黃帝堯舜垂衣裳而天下治，蓋取諸乾坤。

刳木為舟，剡木為楫，舟楫之利，以濟不通，致遠以利天下，蓋取諸渙。服牛乘馬，引重致遠，以利天下，蓋取諸隨。重門擊柝，以待暴客，蓋取諸豫。斷木為杵，掘地為臼，臼杵之利，萬民以濟，蓋取諸小過。弦木為弧，剡木為矢，弧矢之利，以威天下，蓋取諸睽。

上古穴居而野處，後世聖人易之以宮室。上棟下宇，以待風雨，蓋取諸大壯。古之葬者，厚衣之以薪，葬之中野，不封不樹，喪期無數，後世聖人易之以棺槨，蓋取諸大過。上古結繩而治，後世聖人易之以書契，百官以治，萬民以察，蓋取諸夬。

通德類情

本章首段先明作八卦的原由，等於是交代《易經》的緣起，而後順勢由伏羲談起，經神農、黃帝、堯舜，而至所謂的後世聖人。歷數中華文明的發展，及重大民生器制的發明，是很有意思的一篇傳文，宜活看，而不宜拘執。

〈繫辭上傳〉第十章云「易有聖人之道四焉」，其三為「以制器者尚其象」，本章即是制器尚象的例證。從離至夬，共一十三個卦，涵蓋了民生制器的基本層面，其創造發明的巧思，均暗合於卦象易理。〈繫辭上傳〉十一章稱：「見乃謂之象，形乃謂之器，制而用之謂之法，利用出入，民咸用之謂之神。」象在形前，為制器所資，設計得好，可供民生日用，而發揮神妙的功效。象無定形，僅是個活潑的創作意念；器則有定形，使用得循其規範。

「包犧氏」即伏羲氏，傳說中的中華人文之祖，易學開山的大宗師。甘肅天水有伏羲故里、河南淮陽有太昊陵，據稱距今約六千五百年。此說自然難有確證，但歷代相傳總有淵源，伏羲肯定代表華夏文明一個重要的發展階段。

「仰觀天象」，上探宇宙星雲的運轉規律；「俯觀地理」，研究山河大地的構造法則。天曰「象」，地稱「法」，法有水平矯直之義。〈繫辭上傳〉首章云：「在天成象，在地成形。」十一章亦稱：「法象莫大乎天地。」

「鳥獸之文」，指動物行經地面所留下的足跡。累積觀察經驗，可由行跡推知何種動物經過，這種技能對漁獵時代的先民非常重要。「地之宜」即土產，各方水土不同，所適合生產的百果草木亦異。擴大來說，連居住人民的風俗、才性皆有不同。這些都得深入觀察研究，是以觀卦（䷓）〈大象傳〉有云：「風行地上，觀；先王以省方觀民設教。」先秦古典中，《尚書・禹貢》及《管子・水地篇》，於此多有發揮。

宇宙為一大天地，人身為一小天地，具體而微，充滿了生命長期演化的奧秘。佛經說人身難得，不知歷百千萬劫才修成，確應珍重此身。伏羲除觀察自然界的天象地理、鳥獸蟲魚之外，更深研身體這內在空間的機制，以及身外所有事物的變化規律，依此而創作了八卦。八八六十四卦這套精緻的認知系統確立之後，先民即可藉此通悟自然及人生的奧秘，並了解萬事萬物的情實。

「神明之德」，實即自然造化的大能，〈繫辭傳〉中多處言及。神是道體起用、變幻莫測的力量，能肇始天地，形塑萬物。故而〈繫辭上傳〉第五章稱：「一陰一陽之謂道……陰陽不測之謂神。」〈說卦傳〉則云：「神也者，妙萬物而為言者也……然後能變化，既成萬物也。」「明」則是繼承神之用，終而復始、生生不息的現象。神不可見，「明」則歷歷昭著，尤以人類所創造的精神文明為最。乾卦〈彖傳〉稱：「大明終始，六位時成。」離卦〈大象傳〉云：「明兩作，離；大人以繼明照于四方。」皆揭明此義。〈繫辭上傳〉末章：「神而明之，存乎其人。」更簡潔明快，昭示人在自然界中繼往開來的關鍵地位。通神明之德，實即明天人之際，與天地參。

既與天地參，人就有化育萬物的責任，就得分門別類，精研萬物之情。〈繫辭上傳〉第四章所云之「知周乎萬物，而道濟天下」、「範圍天地之化而不過，曲成萬物而不遺」，正為此義。而該章之首即稱：「易與天地準……仰以觀於天文，俯以察於地理。」完全和本章的說法相合。

「類萬物之情」的「類」字，是中華學術相當重視的基本功夫。分門別類、觸類旁通、類型、類推、類比、類似、類同……懂得了「類」，才能充分圓融地認知這個世界。《易經》六十四卦、三百八十四爻，以及爻變所成的四千零九十六種變化類型，描繪宇宙人生，細膩至極。〈繫辭上傳〉首章先稱：「方以類聚，物以群分。」第九章續云：「引而伸之，觸類而長之，天下之能事畢矣！」

〈彖傳〉及〈象傳〉，亦有多處言及「類」字。同人卦（䷌）通天下之志，欲圖世界大同，得先處理好各民族文化歧異的問題，〈大象傳〉稱：「君子以類族辨物。」頤卦（䷚）六二，上下求養，前遇重陰，〈小象傳〉云：「六二征凶，行失類也。」中孚卦（䷼）六四，擺脫初九民意的擁戴，上承九五，表態以避嫌，〈小象傳〉云：「馬匹亡，絕類上也。」「類」字似乎皆指陰陽相合而言。

睽卦（䷥）〈彖傳〉有云：「天地睽而其事同也，男女睽而其志通也，萬物睽而其事類也。」「睽」是乖違反目，事同、志通、事類，卻又有相反相成之義。引天地男女為證，所謂觸類旁通，確實應指異性而言。錯卦又稱旁通卦，六爻全變，卦性徹底對反。所謂犬牙交錯，藉他山之石以攻錯，正因為陰陽大不同，密切結合起來，才有生機。

坤卦〈彖傳〉以「至哉坤元」起首，竭力發揮乾坤配合無間之義。「牝馬地類，行地无疆。」依〈說卦傳〉，乾為馬（良馬、老馬、瘠馬、駁馬），坤為牛（子母牛），而坤卦卻以牝馬取象，正彰顯牝牡交合，並駕齊驅。天馬行空固然理念高遠，牝馬行地，更見落實功夫，故以「類」字形容。

「西南得朋，乃與類行。」後天八卦方位，從東南至正西皆屬陰卦。坤卦若安分守己，待在西南半壁，不與乾卦爭鋒，自然剛柔互濟，和乾卦所代表的陽剛勢力友善相處，且能協力共進。若不此之圖，還強侵入東北半壁，必然造成對立緊張，喪失原可結為善類的朋友，而激發陰陽大戰。此即上六爻辭的慘烈情境：「龍戰于野，其血玄黃。」〈文言傳〉釋云：「陰疑於陽必戰，為其嫌於無陽也，故稱龍焉；猶未離其類也，故稱血焉。夫玄黃者，天地之雜也，天玄而地黃。」龍是乾陽的意象，血是陰陽相雜所生。嫌於無陽，實際陰中有陽，未離其類，陰極尚可轉陽。孤陰不生，獨陽不長，陰陽合才成類。人類、物類、事類，皆不例外。是故乾卦〈文言傳〉九五有云：「同聲相應，同氣相求，水流溼，火就燥，雲從龍，風從虎，聖人作而萬物覩。本乎天者親上，本乎地者親下，則各從其類也。」

正因為「類」字有陰陽合之義，類萬物之情，才抓得住萬事萬物陰陽互動的情實。一陰一陽之謂道，陰陽不測之謂神，由體致用，一切有情世界，皆由陰陽互動而生。天命之謂性，性發之謂情，情對於現實世界的影響，至深且鉅。《易經》所有卦爻辭，皆扣情而發。

咸卦（䷞）少男追求少女，慕少艾之情，人皆有之，〈彖傳〉稱：「觀其所感，而天地萬物之情可見矣！」恒卦（䷟）長女追隨長男，白首偕老，歷久彌新，〈彖傳〉稱：「觀其所恒，而天地萬物之情可見矣！」萃卦（䷬）相遇而後聚，精挑細選，以期出類拔萃，〈彖傳〉稱：「觀其所聚，而天地萬物之情可見矣！」三大情卦皆集於下經，亦可見人事人情之複雜難理。乾卦〈文言傳〉云：「利貞者，性情也……六爻發揮，旁通情也。」情須貞正，方與性合。情之所至，千詭萬變，必須用盡觸類旁通的功夫，才得以知悉掌握。

身體空間

伏羲畫卦「近取諸身」，對人身體的奧秘多有探討，確非空言。陰陽爻的基本符號取象男女的生殖器，已近乎易學共識。〈說卦傳〉述八卦取象，有專章論及身體：「乾為首，坤為腹，震為足，巽為股，坎為耳，離為目，艮為手，兌為口。」以卦形想像，頗為貼切，也確實影響了卦爻中從身體取象的部分。

今本《易經》初爻以趾為象者，有噬嗑（䷔）、賁（䷕）、大壯（䷡）、夬（䷪）等卦。以臀為象者，有夬卦九四、姤卦（䷫）九三的「臀無膚」，及困卦（䷮）初六的「臀困于株木」。以股肱為象者，有明夷卦（䷣）六二的「夷于左股」、豐卦（䷶）九三的「折其右肱」。其他如噬嗑卦六二「滅鼻」和上九「滅耳」、賁卦六二「賁其須」、剝卦（䷖）六四「剝床以膚」、明夷卦六四「入于左腹」、解卦（䷧）九四「解而拇」、夬卦九三「壯于頄」等等，以寓意說理，皆極精彩。

尤其值得注意的是咸、艮二卦，六爻全以身體取象，堪稱為大《易》的一對肉身卦。「咸」為無心之感，談身體各部位的自然感應、感受及情欲。「艮」為止欲修持，針對「咸」的感應，下克治工夫。依卦序，咸卦居重人事的下經之首，開啟身體奧秘的探索。艮卦（䷳）居第五十二卦，從咸卦至艮卦，已累積了許多體驗的知識。人情感之不當，傷害甚深。咸卦六二〈小象傳〉稱「順不害」、九四云「未感害」，皆透露其中訊息。咸卦旁通的錯卦為損卦（䷨），損卦〈大象傳〉稱：「懲忿窒欲。」其目的即在遠離感情嗜欲的傷害。故〈繫辭下傳〉第七章論憂患九卦，有云：「損以遠害。」

咸卦初六「咸其拇」，艮卦初六「艮其趾」，其間連帶關係為何？「拇」為大腳趾，五個腳趾的感應都不一樣，稱「咸其拇」，不稱「咸其趾」，可見其細膩敏感的程度。咸卦初六〈小象傳〉云：「志在外也。」初六和九四相應與，九四為心動之象，心動導致行動。初六爻變成革卦（䷰），表示一旦行動即有劇烈變化。至於變好或變壞，爻辭未言吉凶，全視個人修養和智慧而定。「咸其拇」為自然反應，「艮其趾」為修行克治，只用一套功夫約束五個腳趾的行動。爻辭續云：「无咎，利永貞。」再三叮囑，看來人一旦想動時，要止得住還真不容易。

咸卦六二「咸其腓」，小腿肚受感應。爻辭續云：「凶，居吉。」本身已做了一動不如一靜的判斷。艮卦六二「艮其腓」，卻又稱：「不拯其隨，其心不快。」六二上承九三，受連帶牽引，想止也止不住。身的不由自主，觸發了心的不痛快。

咸卦九三爻辭云：「咸其股，執其隨，往吝。」大腿有感應，已很接近生理衝動的危險區。此爻過剛不中，又當下卦艮的主爻，受上卦兌之主爻上六強烈影響，少男少女情投意合，再難把持。艮卦九三爻辭云：「艮其限，列其夤，厲薰心。」「限」為上下體分界處，即腰部，「夤」為背脊肉。腰受抑制，僵硬難以旋轉，會引發脊肉痛楚，好像要裂開似地，如烈火燒心般難受。九三爻變成剝卦，千刀萬剮，「不利有攸往」。此爻牽動身心部位既深且廣，堪稱止欲修行歷程中最大的難關。

咸卦九四爻辭云：「憧憧往來，朋從爾思。」心神不定，意亂情迷，本爻變為蹇（䷦），有難行之象。「憧」為童心，小孩識世未深，對未來充滿不切實際的憧憬幻想，注意力也欠集中，經常會為不斷出現的新事物所吸引。所以想歸想，很難真正成事。針對此弊，爻辭先言「貞吉悔亡」，必下正心誠意之功，方能免害。

人體身心的交互作用，見於艮六二及九三。心不快、厲薰心，隨著感覺情欲的深化，心靈的痛苦也愈劇烈。艮卦六四爻辭云：「艮其身，无咎。」〈小象傳〉稱：「止諸躬也。」反躬自省，意誠而後心正，心正而後身修，可獲無咎。

韜光養晦

咸卦九五爻辭稱：「咸其脢，无悔。」〈小象傳〉云：「志末也。」「末」指上六，正值上卦兌的感情宣洩口，愛說愛表現。九五與之相鄰，陰乘陽、柔乘剛，為欲望蒙蔽理智之象，必須竭力克制，才能無悔。「脢」同艮卦九三之「夤」，為背脊肉。介乎心口之間，居咸卦君位，為全身所有感應的主控中樞，感應力量強大。正因如此，不得隨意宣洩，以免傷人害己。心中所想，口中未必宜言。〈說卦傳〉云：「兌……為口舌，為毀折。」最高領導者必須深藏不露，謹言慎行，學會控制自己的感情，練就一身銅皮鐵骨，以任大事。所謂「政心無情」，即為咸卦九五之義。

「脢」字的右邊為「每」，依《說文解字》，為「草盛上出」之意。表示物事很多，非僅一端。人體背肉肥厚，多處筋脈相連，乃萬感交集之處。人君位當輻輳，日理萬機，為反應決策的中樞。海、毓、晦、悔、敏、誨、侮等字，皆以「每」為組成部分，亦和「咸其脢」的意蘊相通。人君深沉如海，難測機深，對民眾有養育教誨之責，不宜輕舉妄動以致侮或招悔。雖然對周遭形勢變動極度敏感，仍韜光養晦。明夷卦（䷣）〈大象傳〉云：「君子以蒞眾，用晦而明。」就是這個道理。咸卦九五爻變，成小過卦（䷽），其卦辭稱：「可小事，不可大事……不宜上，宜下，大吉。」為了大局著想，必須謹小慎微。

咸卦九四「貞吉悔亡」，本宜有悔，治心得當，而使悔恨消亡。九五「无悔」，修為更上一層，哀樂不入，根本不會有悔。由悔亡至無悔的精進功夫，易卦中多見。例如未濟卦（䷿）九四、六五，大壯卦（䷡）九四、六五，渙卦（䷺）九二、六三等皆是。

咸卦九五的深藏不露，亦可於兌卦（䷹）九五的表現證知。兌卦本為熱情洋溢之卦，心有所感，自然表現於外在的言行。情之所至，忘勞忘死，也無怨尤。但九五處君位卻不宜如此，爻辭獨不言「兌」，反稱：「孚于剝，有厲。」拱默不言，情深難測，竭力克制上六「引兌」的誘惑，游移於天人交戰之際，相當辛苦。

咸卦上六爻辭云：「咸其輔頰舌。」〈小象傳〉稱：「滕口說也。」意義很明白。其實，兌卦上三爻的情境，和咸卦上三爻極似。除九五、上六關係相近外，九四也根柢相通：「商兌未寧」和「憧憧往來，朋從爾思」，皆為心亂之象。「介疾有喜」就是「貞吉悔亡」。

人的饒舌衝動太強，易敗壞人君大業，故而艮卦六五對症下藥。其爻辭云：「艮其輔，言有序，悔亡。」並非完全不言，而是言必有中，出言前須經審慎思維。

綜合以上討論，可知咸、艮二卦間，確有千絲萬縷的對應關係。「艮其趾」對「咸其拇」，「艮其腓」對「咸其腓」，「艮其輔」對「咸其輔頰舌」，「列其夤」對「咸其脢」。「其心不快」、「厲薰心」、「艮其身」，又和「憧憧往來」有關。咸卦六爻的自然反應，經艮卦五爻的節欲修持，累日積行，便成艮卦上九「敦艮吉」的圓融境界。

歸根復命

「近取諸身」，並不限於爻辭有明言的部分，而是已普遍深入各卦卦象的結構。人體直立時的六大關節，踝、膝、胯、腰、椎、頸，可以一卦六爻來代表，其間連動的關係，似已在節卦中說明。節卦（䷻）卦辭云：「亨，苦節不可貞。」人體的關節最易藏污納垢，若不適度運動以調護，其僵痛有難以言喻者。〈彖傳〉稱：「剛柔分而剛得中。」初九立足宜穩，九二膝蓋適度迴旋，六三、六四腰胯宜柔，九五背脊堅實中正。而六四安承九五之亨，更點出腰背的連動關係。前述艮卦九三爻辭：「艮其限，列其夤，厲薰心。」其中道理，於此可得反證。

節卦下卦全變，成蹇卦。「蹇」為寒足，風濕痛、關節炎等症即為此象。節卦上卦全變，成睽卦，上下體各行其是，難以協調。睽、蹇相錯旁通，皆由失節所致。欲免身心遭此痛苦，可運用綜卦的原理以整治之。渙卦、節卦一體相綜，渙卦諸爻爻辭，如「渙奔」、「渙其躬」、「渙汗其大號」、「渙其血」，都是藉著適度運動，以散其鬱積，活絡氣血。遂獲節卦爻辭中之「安節亨」、「甘節吉」。

身心難以分離，健身還得養心，身心運作的基本規則全在復卦（䷗）。其卦辭云：「亨，出无疾。」太極拳中和緩鬆柔的肢體動作，以及反覆旋轉的螺形曲線，甚至生命基因DNA的組合方式，都在體現一元復始、萬象更新的奧義。乾坤取象天地，為父母卦，復卦則為具體而微的小父母卦，實在闡揚人體造化的奇蹟。乾卦九三居人之正位，精進不懈，〈小象傳〉稱：「反復道也。」坤卦初六腳踏實地，爻變即成復卦。大天地與小天地交融互攝，難怪復卦〈彖傳〉讚嘆：「復，其見天地之心乎！」

其他諸多卦爻，皆含有復卦的影響。履卦（䷉）的字義為「主於復」，故其實踐的終極境界，為上九「其旋元吉」。小畜卦（䷈）密雲不雨，僵局難耐，初九強調「復自道」。泰卦（䷊）徹底通暢，九三稱「无平不陂，无往不復」。解卦完全放鬆，心念形體皆無所繫，足以化解其綜卦蹇卦的壅塞，其卦辭云：「其來復吉。」睽卦初九居睽之始，其爻辭亦云：「喪馬勿逐，自復。」

老子對復卦的境界，亦有如下描述：「致虛極，守靜篤，萬物並作，吾以觀復。夫物芸芸，各復歸其根；歸根曰靜，是謂復命；復命曰常，知常曰明，不知常，妄作凶。」歸根復命是生命的常道，由致虛守靜而來。修習太極拳始終強調和柔虛靜，待鬆透之後，內勁乃源源而生，對天地萬物的感知，亦呈高度靈敏的狀態。這種身心自覺，〈繫辭下傳〉第七章稱為：「復，小而辨於物……復以自知。」

依《易經》卦序，復卦之後為无妄卦（䷘），起心動念，舉手投足，一切真實不虛。无妄卦九五爻辭云：「无妄之疾，勿藥有喜。」內在真氣充實，一些身體的毛病，均可不藥而癒。无妄卦之後為大畜卦（䷙），其〈大象傳〉稱：「君子以多識前言往行，以畜其德。」心靈作用已大為彰顯，能涵攝一切世間知識，以為己用。孟子稱此境為：「萬物皆備於我矣，反身而誠，樂莫大焉。」

大畜卦之後，為全面論述養生之道的頤卦。頤卦內卦震有主，旋動甚深，外卦艮沉穩，不動如山，正是上乘的練功境界。而中間四柔爻，包在二剛爻之內，又呈現所有卦象中最大的內在空間。從頤卦再往深廣處修煉，有可能突破大過卦（䷛）、坎卦（䷜）的生死玄關，達到身、心、靈合一的離卦境界。離卦（䷝）居上經之末，為自然演化之極境。其〈大象傳〉稱：「大人以繼明照于四方。」薪盡火傳，永垂不朽。

網際人生

制器尚象十三卦，首先登場的是離卦。離外實中虛，孔目相連，有縱橫交織的網罟之象。作為人類文明的象徵，可謂唯妙唯肖。人類懂得結繩後，便進入漁獵時代，以繩網捕獲生存所需物資。

爾後社會愈發展愈複雜，形成息息相關的組織網絡，通訊聯繫，互利共生。網愈織愈密，固然促進文明的繁榮發展，卻也加速了災難的傳播。金融風暴、生態汙染、駭客入侵、核子戰爭，已成人類揮之不去的夢魘。

「離」依〈說卦傳〉，為附麗，兩頭鹿相依相偎，伉儷情深，本為聚合之意。但分離、離散、離開，又恰恰與之相反。這種正反兩意涵於一字的現象，仍可以網罟之象說明。漁網的孔目太寬，漏網之魚必多；孔目太細，大多留在網上。目標物是離是合，取決於孔目設計的尺寸。一旦網破，原來依附相合的也會分離。就生態維護的觀點，孔目不宜太密，一網打盡，未來無魚可捕。孟子說：「數罟不入洿池，斧斤以時入山林。」組織網絡、人際網絡的規劃佈建，亦復如是。必須訂出規格，設立門檻，不宜大小通吃。更往大處想，人類文明的發展應知所節制，否則物極必反，會引發生態的浩劫。

離卦〈大象傳〉云：「明兩作，離。大人以繼明照于四方。」很明顯，「離」字有永續的含義。六二「黃離」、九三「日昃之離」、六五〈小象傳〉稱「離王公」，各從不同時位，敷演離合之旨。否卦（䷋）九四「疇離祉」，時當景氣復甦之點，一些指標性的主力產業，會帶動上下游的關係產業上升，而形成可觀的群聚效應。漸卦（䷴）九三〈小象傳〉云：「夫征不復，離群醜也。」孤雁離群，脫離了應固守的網絡關係，躁進致凶。小過卦上六「飛鳥離之」，嘗試奮飛脫離引力圈，終究力竭，墜入天羅地網。〈序卦傳〉及〈雜卦傳〉皆稱：「渙者，離也。」系出同源，漸行漸遠，但仍有千絲萬縷斬不斷的關係。故渙卦後，又有適可而止、仍受節制的節卦。〈文言傳〉乾卦九四稱：「進退无恒，非離群也。」關心人群社會，不受上下台任職退職的影響。〈文言傳〉坤卦上六稱：「猶未離其類也，故稱血焉。」陰陽合為類，彼此互動以和為貴，切勿踰越了該謹守的分寸。

「佃」字即田獵之「田」，以羅網取獸。《易經》經文中的「田」字，可說全是「田獵」之意，而非種田。師卦（䷆）六五「田有禽」，打仗須師出有名，為何而戰，為誰而戰，有明確的作戰目標。恒卦九四「田无禽」，盲目打獵，一無所獲。一開始即定位錯誤，虛耗再久，也是白搭。解卦九二「田獲三狐」，洞悉敵情，仍按兵不動，以待最佳時機。巽卦（䷸）六四「田獲三品」，長期默默經營，上下通吃，獲利豐富。乾卦九二「見龍在田」，與其說田地上出現了龍，不如說龍現於田野，準備角逐大位，一朝飛龍在天。以狩獵比喻人生的種種追求，結網佈局，彎弓搭箭，確實貼切，是以爻辭中行獵的意象特多。

除狩獵外，捕魚的活動也很盛。姤卦九二「包有魚」、九四「包无魚」，顯示漁獲的獨占性，生存競爭須掌握恰當時機。剝卦六五「貫魚」，善於順勢整合串連，可扭轉眾陰剝陽的不利殺機。井卦（䷯）九二「井谷射鮒」，資源貧乏，水淺難養大魚。井水中放小魚，可能是測試毒性，保障飲用安全。中孚卦〈彖傳〉「信及豚魚」，精誠所至，金石為開，能孚眾望，必可利涉大川。

《易經》經文，漁獵、畜牧生活的經驗居多。農耕活動絕少，僅見於无妄卦六二：「不耕獲，不菑畬，則利有攸往。」可見經文傳承甚古。農耕生活較偏靜態，難以遍喻人生的多彩多姿，千變萬化。

食貨政治

接著離卦之後，便是有農耕之象的益卦（䷩），這個時代以伏羲氏後的神農氏為代表。「耒耜」為農具，即耕田的犁，「耜」為削銳的犁頭，「耒」為彎曲的耜柄。益卦下震陽木，深動入土，上巽陰木，騰挪操控，正是犁田而有收益之象。由漁獵而農耕，人群生活漸趨安定，糧食生產也有了較穩妥的保障，商業遂應運而生，使部落與部落間能互通有無，交換生存資源。

噬嗑卦上卦離，為日照，下卦震，為眾人交易的動態，有日中為市之象。「噬嗑」本是為吃而合，有嚴酷的生存鬥爭之理，必須制定明確的互動規範，以約束商場秩序。其卦辭稱：「利用獄。」〈大象傳〉云：「明罰飭法。」

農業、商業的基本體制確立，社會即進入政治組織時期，以經營管理日趨複雜的生產和分配活動。《尚書・洪範》闡明為政大綱，次三曰「農用八政」，前二項即為「食」與「貨」。制民之產，通其有無，永遠是國計民生的基礎。

乾為君，坤為民眾，二卦間的互動，顯示領導統御及順勢配合之理。黃帝、堯、舜為上古時期的名君，政績卓著，遂作為政治文明的代表。政事經緯萬端，與時俱進，必須通權達變，才能解決不斷新生的問題，拘泥死守僵硬的意識形態，必遭人民厭棄。「使民不倦」只是政權永續的最低標準，偉大的政治家尚須進一步，積極營造美好的生活環境，以吸引民眾追隨，這就需要出神入化的政治智慧。隨卦（䷐）上六：「拘係之，乃從維之，王用亨于西山。」周朝發跡的故事，堪稱典範。泰卦〈大象傳〉云：「后以財成天地之道，輔相天地之宜，以左右民。」亦明白揭示，當政者有「使民宜之」的責任。

窮則變，變則通，通則久，久了若窮再變，這是歷史演化循環的大法則。為政若通曉此理，即可暢行天下，若蒙天佑。「自天佑之，吉无不利」為大有卦（䷍）上九爻辭，在〈繫辭傳〉中一再出現，可見極受重視。「垂衣裳而天下治」，有無為而治、以簡馭繁之效。〈易傳〉中言「天下治」僅三處：蠱卦（䷑）〈彖傳〉「蠱元亨而天下治也」；乾卦〈文言傳〉「乾元用九，天下治也」；以及此處的「垂衣裳而天下治」。「天下治」非泛語，實即天下為公，群龍無首，為大同世界的最高政治理想。

乾卦九五「飛龍在天」，為雄才大略的強勢領導，若無九二「見龍在田」的積極配合，難成大業，甚至剛愎自用，走上專斷獨裁的「亢龍有悔」之路。坤卦六五「黃裳元吉」，上衣下裳，實寓民貴君輕、人民做主的共和理想，至少也是虛懷待下、合理授權的柔性管理，實際績效比飛龍在天好得多。六十四卦的君位，九五、六五各半，總括來說，六五的領導方式績效均較佳。臨卦（䷒）自由開放，全民共和，六五爻辭稱：「知臨，大君之宜，吉。」鼎卦（䷱）共和新政，〈大象傳〉云：「正位凝命。」坤卦六五〈文言傳〉稱：「正位居體，……暢於四支，發於事業。」二爻皆談正位，理念完全相同。

「群龍无首」的最高理想，非一蹴可幾，「飛龍在天」的寡頭格局，又存在致命的弱點。那麼改善方案何在？乾卦〈彖傳〉末，提出了解答：「首出庶物，萬國咸寧。」元首須從眾人之中選出，知民間疾苦，具民意基礎，且接受民意監督，可興可廢，有任期限制。如此，最高權力的來源合理化，天下萬國不必再動刀兵，以攘奪大位，自然太平可期。

乾坤兩卦以垂衣裳為象，除了政治組織之外，也有衣冠文物，為天下楷模之意。所謂上國衣冠，有別於夷狄，被髮左衽，不能登大雅之堂。黃帝堯舜氏在華夏民族的發展史上，有其特殊地位。

農耕取諸益卦，商業取諸噬嗑卦，已明顯為六畫卦的觀念。前文所稱伏羲作八卦，應以六十四卦來理解。重卦的完成，一定早之又早，決不可能延宕至周文王時才完成。

交通國防

政治組織發達後，自然促進水陸交通的拓展。國際交往一旦失和，也會面臨戰爭的威脅，而須有所部署。

渙卦上巽下坎，巽為風也為木，有乘風使帆、舟行水上之象。其〈彖傳〉稱：「利涉大川，乘木有功。」「刳」是剖而使空，「剡」是斬削使銳，舟楫既備，便可順利通航。渙卦〈彖傳〉又云：「亨，剛來而不窮，柔得位乎外而上同。」渙卦的結構組成與否卦有關，否卦九四來居下卦二位、六二往居上卦四位（下圖），即成渙卦。否卦內外不通，調整成渙卦後，變為暢通。散其積鬱，由近及遠，故稱「舟楫之利，以濟不通，致遠以利天下」。

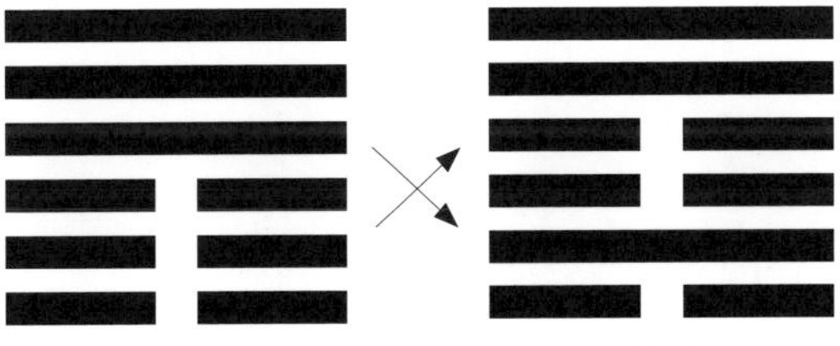

否卦　　渙卦

隨卦順性自然，因物制宜。牛性耐勞，使之拉車負重，馬性矯健，使之行遠。「隨」有絡繹不絕的陸運之象，爻辭多言交、系、維。上六為隨卦的極境：「拘系之，乃從維之，王用亨于西山。」善用物力民心，共效驅馳，必成興盛大業。水陸運皆強調作牛作馬，致遠以利天下，交通建設實為一切民生經濟之本。孫中山當年上書李鴻章，主張人盡其才、地盡其利、物盡其用、貨暢其流。民國成立後，又想自任交通建設之職，確為宏識。泰卦卦辭云：「小往大來，吉亨。」經濟繁榮，國泰民安，必賴於所有資源運轉的暢通無阻。初九「拔茅……征吉」，實即基礎建設的系統規劃。交通網絡發達後，遂有九二的通聯效果：「包荒，用馮河，不遐遺。」無論多遙遠荒僻的地方，皆可納入市場經營。

豫卦（䷏）「雷出地奮」，「利建侯行師」，為戰備之象。古代城防有外郭、中城、內城好幾道防線，一旦外城失守，還有退保餘地。除了固定的防禦設施外，另設置機動巡行的預警人員，一旦發現強敵入侵，擊柝示警，以照應防線可能出現的死角。「柝」即木製或金屬製的梆子，軍中傳訊之用。〈木蘭辭〉有吟：「朔氣傳金柝，寒光照鐵衣。」兵法守者為主軍，攻者為客軍，故稱「重門擊柝，以待暴客」。

防禦作戰必須儲備足夠的糧食，古人以杵臼搗穀，以備食用，算是糧食加工過程。《周禮・地官》中設有舂人一職。小過卦上震動、下艮止，震為木。二陽積聚在內、四陰包夾在外，又有大坎甚陷之象。斷木掘地，舂穀以供萬民之用。

一味防禦非兵法善策，兩國相爭也得主動出擊。「弧矢」即弓箭，亦猶今日之導彈，為威懾敵人之利器。睽卦猜疑相爭，反目成仇。上九為睽極之爻，即云：「先張之弧，後脫之弧。」「耒耨之利」、「舟楫之利」、「臼杵之利」、「弧矢之利」，「農用八政」以「食貨」始，以軍事作戰的「師」為終（八曰師）。政治組織各部門的功能劃分，皆為解決民生問題。

安居樂業

往下是居住問題：上古穴居野處，衝冒雨雪霜露，生活環境惡劣，後世營建屋宇，安逸舒適。大壯卦四陽在下，穩固厚實，以承在上二陰，有宮室之象。屯卦（䷂）象徵草昧之時，初九爻稱：「磐桓，利居貞。」「磐」為堅石，可為地基，「桓」為耐久之木，宜作棟樑。「磐桓」實即營建屋室，以利居處。〈雜卦傳〉云：「屯，見而不失其居。」新生生命首要之務，即在尋求適當居處。

屋室之內還得有人，作息與共，溫情洋溢，一旦人去樓空，反而倍增蕭索。困卦六三云：「入于其宮，不見其妻，凶。」內外交困，眾叛親離，真是人生慘酷之境。豐卦上六云：「豐其屋，蔀其家，闚其戶，闃其無人，三歲不覿，凶。」豐盛過了頭，財大氣粗，斷了跟人群正常的聯繫，正應了「起高樓、宴賓客，樓塌了」的俗諺，走上豐極轉旅，「窮大者必失其居」的路途。旅卦（䷷）失時、失勢、失位，寄人籬下，爻辭所言次、處、巢等，僅容暫時棲身，還朝不保夕，和自有居室的安樂穩定，真是天差地遠。

有鑑於此，居上位者必不可苟刻待下、剝削基層。剝卦〈大象傳〉遂云：「上以厚下安宅。」

既然人人嚮往安居樂業，真正的王道思想必須以此為鵠的，號召天下，勉力達成。孟子稱大丈夫，應「居天下之廣居，立天下之正位，行天下之大道」。渙卦九五則云：「渙汗其大號，渙王居，无咎。」〈小象傳〉補注：「正位也。」

穴居野處雖然落後，善用之仍可自保無咎，或進而創發大業。「龍戰于野」，固然慘烈，乾為君、坤為民，實寓有人民揭竿起義之旨。無論勝負，皆有促進社會日趨進化之機。坤卦之後為屯卦，草創新生，「動乎險中，大亨貞」。尤其初九〈小象傳〉，透露新機：「雖磐桓，志行正也；以貴下賤，大得民也。」民為貴，君為輕，這樣的清新社會才有希望，才充滿了創造力。臨卦主張全民政治，自由開放，初九〈小象傳〉亦云：「咸臨貞吉，志行正也。」

「龍戰于野」，是以戰爭建立民治政體，難免兩敗俱傷。「同人于野」，則以和平手段，群策群力推翻否局，締造均富大同的社會。「禮失求諸野」，「質勝文則野」，野之時用大矣哉！

需卦（䷄）健行遇險，耐心摸索涉大川，過程中可能躁進出問題。六四爻辭云：「需于血，出自穴。」六四爻變成夬卦（圖一），陰陽決戰一觸即發。上六爻辭云：「入于穴……敬之終吉。」上六爻變小畜卦（圖

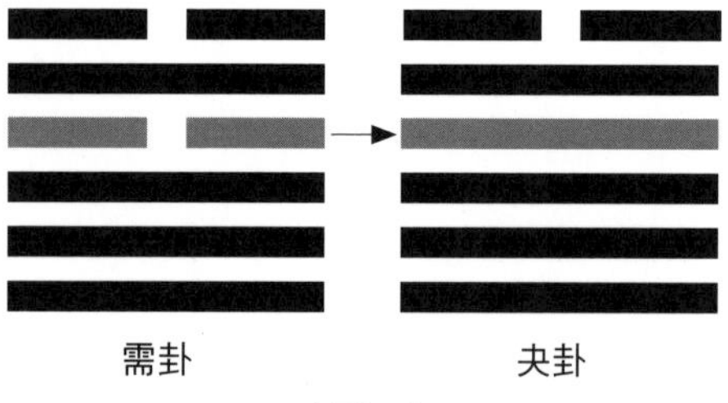

（圖一）

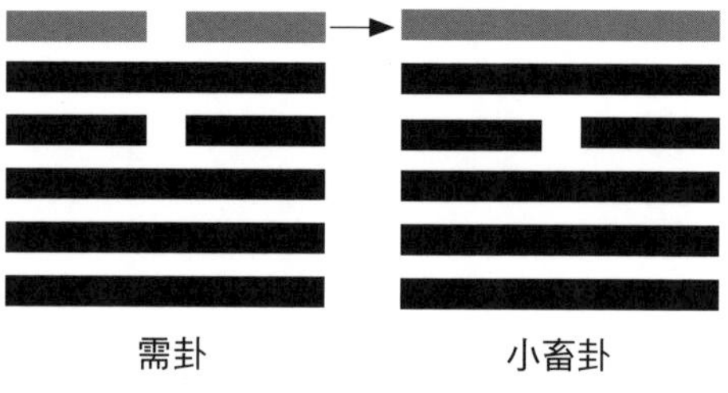

（圖二）

二），以小事大，以大事小，終獲和平解決。「穴」為藏陰之所，陰勢弱難以敵陽，「出自穴」硬碰硬，實屬不智，「入于穴」才可能有較佳結果。

需卦、訟卦（䷅）一體相綜，訟卦九二「自下訟上」，理勢不敵，採取低調迴旋的策略，轉入地下長期抗爭，以保其基層實力不受折損。〈小象傳〉云：「不克訟，歸逋竄也。」「竄」字為鼠在穴中，活力十足，四處流動，不僅自保無虞，還可神出鬼沒，相機出擊。九二居下坎之中，以險敵剛，宜有此象。卦辭所謂「有孚，窒惕中吉」即指此爻。「窒」字為至於穴，在令人窒息的環境中，忍飢耐渴，以游擊戰騷擾強敵，不是沒有獲勝的機會。明末的流寇、清末的捻亂，讓官軍疲於奔命。越戰美軍鎩羽、阿富汗俄軍撤歸，乃至賓拉登的恐怖活動，讓全世界草木皆兵，正是這個道理。

公元二〇〇一年，因紐約「九一一」事件而發動的反恐戰爭，優勢的美軍是打贏了，但禍首賓拉登卻逮不到，此亦穴居野處之效。小過卦六五居上卦震中，發動雷霆萬鈞的攻勢；六二靜處下卦艮中，隱伏不出，安然無恙，正為此象。六五爻辭云：「密雲不雨，自我西郊，公弋取彼在穴。」一前半段同小畜卦卦辭，明示為強弱懸殊的不對稱戰爭；而六二只要隱伏在穴，仍可苟延殘喘，繼續纏鬥。俗云「狡兔三窟」，「窟」字為「屈於穴」，只要肯屈，窟窟相連的坑道系統，必讓穴外的強敵頭痛不已。

信息永存

大壯卦後，接著來的是大過卦，連續四陽往上提升一格，整個漂浮起來。大過卦陽全陷於陰中，有棺槨之象，真切中象理。大過為人人忌諱的死卦，凶象昭著，難以負荷。〈大象傳〉稱「澤滅木」，上六爻辭云「過涉滅頂」。面對肉身必然的隕滅，智者將如何調適自己的心態？大壯居室，有「上棟下宇」之象，身強體健，壯志凌雲。大過棺槨入土，卦爻辭卻稱「棟橈」，不可以有輔，陽壽已盡，任誰也愛莫能助。由陽宅到陰宅，多驚悚的意象轉換。生死如幻，往事霸圖如夢，性靈當何所依？

「不封不樹」，不封土為墳，不種樹或立碑以表身份。喪期無數，更沒有一定的守喪日數和繁複的禮法。後世有地位的人講究厚葬，棺木好幾重，既封既樹，希望肉身防腐，永誌不忘。固然養生送死無憾，實亦顛倒夢想，人生真正的不朽何在於是？

大過與頤卦相錯，談的是生死大事，其後為坎、離，由身心進入永存的靈的世界。「坎」是性靈的終極沉淪，孟子所稱「所惡有甚於死者」。「離」是向上提升，精神文明的薪盡火傳，孟子云「所欲有甚於生者」。大過欲獲永生，得捨坎就離，殺身成仁，捨身取義，在所不惜。卦辭繼「棟橈」之後，仍稱「利有攸往，亨。」〈大象傳〉則云：「獨立不懼，遯世无悶。」太上有「立德」，其次有「立功」，其次有「立言」，此之謂「三不朽」。

制器尚象的最後一卦夬卦，即寓此義。「書契」就是文字，書寫契刻於絹帛竹簡之上，將前人活動的經驗知識傳之永久，省卻後人重新摸索的時間。百官以治，萬民以察，一切都有依據和規範。許慎的《說文解字・序》引用此段，且稱：「蓋文字者，經藝之本，王政之始……知天下之至賾而不可亂也。」

文字未發明之前，結繩而治，這個說法相當耐人尋味。結繩記事，以備遺忘，可能是符號思維的起源。《易經》的卦、爻二字，也許和此相關。「爻」字造形，就像大小兩個繩結，象徵事物的變動。「卦」字應與懸「掛」之「掛」通，心中有懸而未決的疑難，掛繩於日常出入之處，朝夕凝視苦思，若得出解答，則將繩解下，另掛上新的問題。六十四卦、三百八十四爻的體系，就在不斷的問題與求解歷程中，逐步建立。制器尚象十三卦，以離卦結繩作網始，以夬卦結繩進化為文字終，人類文明的發展，始終不脫縱橫交織的網罟之象。

大過卦之後為夬卦，亦見於重人文理想的〈雜卦傳〉的編次。大過為第五十七卦，夬為最後一卦，中間六卦為姤、漸、頤、既濟、歸妹、未濟，錯綜關係完全打亂，其中必有深意。「大過」為顛，自此之後一切反常。「夬」為決，剛決柔，君子道長，小人道憂，存天理、去人欲之後，又回復為天道流行的乾卦。

繼往開來

本章敘述渙、隨、豫、小過、睽有關國防交通的五卦，未明言時代，似乎仍屬黃帝堯舜氏。最後大壯、大過及夬三卦，改稱後世聖人，應該也離其時代不遠，反正皆在「窮變通久」的大原則統攝下。當然，十三卦皆言「蓋取諸」，並非所有重大發明皆由卦象悟知，而只是暗合於易，印證「近取諸身，遠取諸物」而已。

通篇觀之，皇帝堯舜氏所取的乾坤兩卦，實居承先啟後、繼往開來的關鍵地位。乾坤一定，後面的分化發展便自然衍生。所謂「垂衣裳而天下治」，「易簡而天下之理得」，「窮變通久」的大綱領，確為因時制宜、文明進展的不二法門。

最後三卦三稱後世聖人，殷殷致意，用心深遠無量。《春秋經》以撥亂反正、漸致太平為宗旨，經文至「十有四年春，西狩獲麟」為終。《公羊傳》闡發微言大義，有云：「其諸君子樂道堯舜之道與？末不亦樂乎？堯舜之知君子也。制春秋之義，以俟後聖，以君子之為，亦有樂乎此也。」仲尼祖述堯舜，盛稱天下為公之道，在東周當時，不可能行此變革大事，遂制《春秋》義法，以等待後世聖人來完成。本章所稱「天下治」，即《春秋》太平世的理想，黃帝堯舜氏垂範於前，千秋萬世奉行於後，百官以治，萬民以察。

與此相關，〈大象傳〉中君子、先王、后的區別，必有深意，值得玩索。六十四卦中，稱「君子以」的有五十三則，稱「先王以」的有七則，稱「后以」有二則，另外則是剝卦的「上以」和離卦的「大人以」。

先王概念的提出，首見於比卦（䷇）〈大象傳〉：「先王以建萬國，親諸侯。」先王藉由師卦的戰功，及比卦的合縱連橫，統一天下，分封諸侯。師卦上六爻辭所謂：「大君有命，開國承家。」大君意同先王，為創建王朝的第一代，奠定國際和平秩序的中央領導者。受封的各地諸侯即「后」，《孟子》書中稱「群后」，往下代代相傳，即為「后王」。《說文解字》釋「后」為：「繼體君。」先王后（後）王，有政統接續的意義，也有中央與地方分權的關係。戰國時代，孟、荀學派有「法先王」和「法後王」之爭，而《周易》〈大象傳〉對此的處理，似乎更圓融而深邃。

「后」字首見於泰卦〈大象傳〉：「后以財成天地之道，輔相天地之宜，以左右民。」泰、否相錯復相綜，此地之泰可能造成彼處之否，二卦皆有城隍壁壘森嚴之象。「后」既為地區性的領導者，自應重視理財，做好基礎建設，以創造民生經濟的繁榮。至於全天下的均富大業，則得突破地域的限制，往同人、大有二卦所昭示之世界大同理想邁進。同人卦卦辭云：「利君子貞。」〈彖傳〉稱：「唯君子為能通天下之志。」同人、大有之〈大象傳〉皆稱「君子以」，又寓有《春秋》太平世「人人皆有士君子之行」的最高理想。

富而後教，繼同人、大有之後，為「謙以制禮，豫以作樂」。禮樂教化，正是「法先王」主張的核心。豫卦〈大象傳〉有云：「先王以作樂崇德，殷薦之上帝，以配祖考。」

臨、觀二卦敷演政教關係。臨卦六五稱「大君之宜」，義同先王。觀卦〈大象傳〉則云：「先王以省方觀民設教。」

治國必重法紀，以糾奸罰惡。噬嗑卦〈大象傳〉稱：「先王以明罰勑法。」

剝卦民心失守，政權岌岌可危。其〈大象傳〉云：「上以厚下安宅。」居民上者必須改弦更張，速謀補救。復卦重生再造，歸真反本。其〈大象傳〉中，「先王」與「后」並見：「先王以至日閉關，商旅不行，后不省方。」剝極而復，為人心惟危、道心惟微之象，無論先王後王，壹是皆以修身為本。

復卦之後為无妄卦，「无妄」即誠。《中庸》稱：「誠者，天之道，誠之者，人之道。」无妄卦正為民胞物與、天人合一之象，其〈大象傳〉云：「天下雷行，物與无妄，先王以茂對時，育萬物。」繼續發展至上經最後一卦離卦，成就光輝燦爛的大人境界，先天而天弗違，後天而奉天時。其〈大象傳〉改稱：「明兩作，離，大人以繼明照于四方。」由无妄至離，又合了《中庸》所謂「誠則明矣，明則誠矣」、「率性以修道」的說法。

復卦的錯卦為姤卦，五陽下一陰生，為私慾滋長之象。後王繼先王之業，須防公道沉淪，故其〈大象傳〉云：「后以施命誥四方。」人生不期而遇的危機甚多，當機立斷，第一時間做好危機管理工作，還能化危機為轉機。「后」作為地方經營的領導者，責無旁貸，也無暇上報中央。

渙卦風行水上，艱險無比，較風行地上的觀卦尤具挑戰性。〈大象傳〉云：「先王以享于帝立廟。」卦辭則稱：「王假有廟，利涉大川。」先王長期經營、垂訓立教的精神文化，已卓然樹立，遠播四方。九五爻辭所謂：「渙汗其大號，渙王居，无咎。」〈小象傳〉稱：「正位也。」已充分體現孟子「大丈夫」之義：「居天下之廣居，立天下之正位，行天下之大道。」六十四卦〈大象傳〉中，攸關先王的論述，亦至此作結。

渙卦「利涉大川」為既濟卦，先王的盛德大業，固然登峰造極，可為萬世法，然世變無窮，既濟卦之後又為未濟卦，尚須後王斟酌損益，因時因地制宜之處必多。《莊子・齊物論》有云：「春秋經世，先王之志。」經世致用，其實永遠都得俟後聖。《易經》終於「未濟」，《春秋》絕筆「獲麟」。本章闡述文明發展之理，以後世聖人作結，其道可稱一以貫之。

又，本章所述十三卦，涉及國計民生各個層面，深研「制器尚象」之理，可運用於政府組織之設計。除交通、國防外，農林漁牧、工商教育，皆可從中獲得啟示。組織縱的分工，還得注重橫的聯繫。屯卦「利建侯」，〈大象傳〉即稱：「君子以經綸。」《春秋經》明政治大義，立新王之法。而《周禮》一書，即有完整官制之設計，其間均衡聯繫之理，大有可觀，值得有志者深入探究。

第三章　萬法皆象

是故，易者，象也，象也者，像也。彖者，材也；爻也者，效天下之動者也。是故吉凶生而悔吝著也。

本章為〈繫辭傳〉中最短的一章，寥寥數句，卻揭露《易》之本質，簡潔扼要，令人嘆服。行文以「是故」起頭，似乎有承接的前文，有人以為就是「制器尚象」前章。因為強調觀象、取象，所以本章綜合論斷，《易》就是象，而「象」就是與原物非常相像。

〈繫辭上傳〉末章稱，「聖人立象以盡意」，以超越語文表達的限制。第四章言易與天地相似，相似、相像，即不完全相同。正因為不完全等同，《易經》這套表述系統，才有極大的靈活性，豐富、深刻，且有餘韻。

「彖」即卦體，擺在那兒，呈現事物的樣態，就像一堆待用的素材，看人怎麼評估、發掘，及多方善巧地運用。卦中六爻，代表基層到高層不同資源的分佈，以及各個時段可能的運動狀況。天時、地利、人和，種種條件的搭配，一旦伺機發動，可能造成全局極大的變化。

「彖」呈相對靜態，是個穩定的結構體；「爻」則穿梭流動，不斷找尋有利於己的變動方向。

「效天下之動」的「效」字，用得很活。效法、效應、效果、效用，人生不動則已，一動當然期望產生最好的功效。〈繫辭上傳〉第二章稱：「六爻之動，三極之道也。」「三極」即天地人三才都發揮到極致，產生最大的綜合效能。

人人求變求好，結果有得有失，產生了吉凶勝負，或悔或吝。〈繫辭下傳〉首章有云：「吉凶悔吝者，生乎動者也。」「吉凶」是終極結果，規模大而明確，故稱「生」。「悔吝」尚有轉圜餘地，程度較輕而不顯，故稱「著」。

〈雜卦傳〉稱：「蒙，雜而著。」啟蒙就是要從一片雜亂無章中理出頭緒，讓真相大白。認知不能脫離實踐，蒙卦（䷃）〈大象傳〉遂云：「君子以果行育德。」孔子作《春秋》，亦稱：「我欲載之空言，不如見之於行事之深切著明。」學《易》功效，在鍛鍊人的思維，知機應變，見微知著。

第四章　統之有宗

陽卦多陰，陰卦多陽，其故何也？陽卦奇，陰卦耦。其德行何也？陽一君而二民，君子之道也；陰二君而一民，小人之道也。

本章極短，主要在解釋陽卦、陰卦的問題，而且是指三畫卦的八卦，六畫卦無所謂陰陽。八卦中的乾、坤兩卦還不計，專談六子卦的屬性。

震（☳）、坎（☵）、艮（☶）為三陽卦，均為二陰爻、一陽爻；巽（☴）、離（☲）、兌（☱）為三陰卦，均為二陽爻、一陰爻。陰多陽少稱陽卦，陽多陰少稱陰卦，這是什麼緣故？以陰陽爻符號的線段數，或以大衍占法7、9為陽，8、6為陰的算法，陽卦三爻總和皆為奇數，陰卦則為偶數。這又象徵什麼意義？

乾陽為君，為主；坤陰為民，為從。陽卦一陽二陰，一君二民，以少統多，合乎政事常「軌」，故為君子之道。陰卦二陽一陰，二君一民，以多統少，大違常理，稱小人之道。

王弼將此簡易原則延伸至六畫卦，建立卦主或主爻的說法，其《周易略例・明彖》中有云：

「夫少者，多之所貴也；寡者，眾之所宗也。一卦五陽而一陰，則一陰為之主矣；五陰而一陽，則一陽為之主矣。」〈繫辭下傳〉首章則稱：「天下之動，貞夫一者也。」

第五章 遠離顛倒夢想

《易》曰：「憧憧往來，朋從爾思。」子曰：「天下何思何慮？天下同歸而殊途，一致而百慮。天下何思何慮？日往則月來，月往則日來，日月相推而明生焉；寒往則暑來，暑往則寒來，寒暑相推而歲成焉；往者屈也，來者信也，屈信相感而利生焉。尺蠖之屈，以求信也；龍蛇之蟄，以存身也；精義入神，以致用也；利用安身，以崇德也。過此以往，未之或知也；窮神知化，德之盛也。」

《易》曰：「困于石，據于蒺藜，入于其宮，不見其妻，凶。」子曰：「非所困而困焉，名必辱；非所據而據焉，身必危。既辱且危，死期將至，妻其可得見耶？」

《易》曰：「公用射隼于高墉之上，獲之无不利。」子曰：「隼者，禽也；弓矢者，器也；射之者，人也。君子藏器於身，待時而動，何不利之有？動而不括，是以出而有獲，語成器而動者也。」

子曰：「小人不恥不仁，不畏不義，不見利不勸，不威不懲。小懲而大誡，此小人之福也。《易》曰：『屨校滅趾，无咎。』此之謂也。善不積，不足以成名；惡不積，不足以滅身。小人以小善為無益而弗為也，以小惡為無傷而弗去也，故惡積而不可掩，罪大而不可解。易曰：

『何校滅耳，凶。』」

子曰：「危者，安其位者也；亡者，保其存者也；亂者，有其治者也。是故君子安而不忘危，存而不忘亡，治而不忘亂，是以身安而國家可保也。《易》曰：『其亡其亡，繫于苞桑。』」

子曰：「德薄而位尊，知小而謀大，力小而任重，鮮不及矣！《易》曰：『鼎折足，覆公餗，其形渥，凶。』言不勝其任也。」

子曰：「知幾其神乎！君子上交不諂，下交不瀆，其知幾乎！幾者動之微，吉之先見者也。君子見幾而作，不俟終日。《易》曰：『介于石，不終日，貞吉。』介如石焉，寧用終日？斷可識矣！君子知微知彰，知柔知剛，萬夫之望。」

子曰：「顏氏之子，其殆庶幾乎！有不善未嘗不知，知之，未嘗復行也。易曰：『不遠復，无祇悔，元吉。』」

「天地絪縕，萬物化醇；男女構精，萬物化生。《易》曰：『三人行，則損一人；一人行，則得其友。』言致一也。」

子曰：「君子安其身而後動，易其心而後語，定其交而後求。君子修此三者，故全也。危以動，則民不與也；懼以語，則民不應也；無交而求，則民不與也。莫之與，則傷之者至矣！《易》曰：『莫益之，或擊之，立心勿恒，凶。』」

並行不悖

繼前面極短的兩章後，本章的篇幅之長為〈繫辭傳〉之冠。內容為孔子對十一個爻的心得發揮，和上傳第八章不同，沒有任何前言，但編纂在一起，仍隱隱有脈絡可尋。

列為章首的，為咸卦（䷞）九四。「憧憧往來」，是心思不定，「朋從爾思」，由於感情困擾。九四爻變成蹇卦（下圖），心亂所以難行。「憧」為童心，小孩識世未深，對未來充滿不切實際的幻想，注意力也欠集中，經常會為不斷出現的新事物所吸引，所以想歸想，很難真正成事。

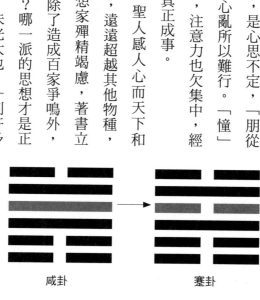

咸卦為下經第一卦，〈彖傳〉中明確指出：「聖人感人心而天下和平。」人之所以為萬物之靈，就在心靈作用高度發達，遠遠超越其他物種，應善用此心建立共識，促進世界和平。歷來多少思想家殫精竭慮，著書立說，欲探究宇宙人生的奧秘，提出種種救世的方案。除了造成百家爭鳴外，究竟有無實效？思想和行動之間存在怎樣的辯證關係？哪一派的思想才是正確呢？若按咸卦九四〈小象傳〉的評斷：「憧憧往來，未光大也。」則許多想法都落了空，甚至還滋生流弊，給人群社會帶來傷害。「貞吉悔亡，未感害也」，「天下之動貞夫一」，貞觀貞明之道，正知正見何在？

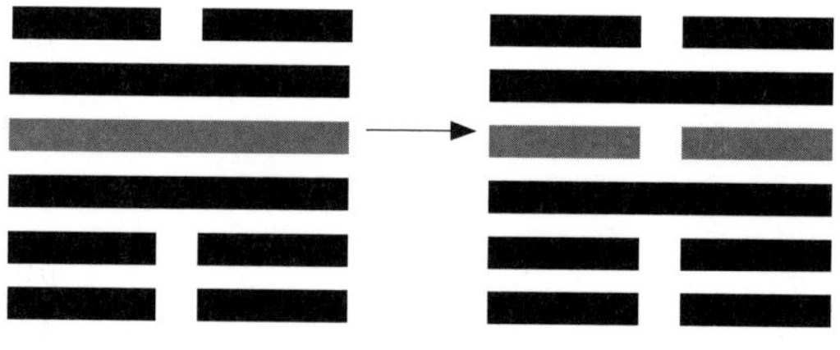

咸卦　　蹇卦

孔子在此提出了他的感想：「同歸而殊途，一致而百慮。」各家思想同歸於大道，都是要探討真理。而真理存在許多面相，可以有不同的表述方式。仁者見之謂之仁，智者見之謂之智，彼此虛懷論辯，相互參證，未必不能建立共識。一味執己為是，斥人為非，有礙大道的融通。融通必重往來，往來即能獲益。泰卦（䷊）天地交而萬物通，其卦辭稱：「小往大來，吉，亨。」「亨者，嘉之會也」，「嘉會，足以合禮」，集思廣益，能釐清片面認知的盲點，拓深義理的內涵。

《中庸》上有一段子思對其祖父孔子的贊語：「譬如天地之無不持載，無不覆幬；譬如四時之錯行，如日月之代明。萬物並育而不相害，道並行而不相悖，小德川流，大德敦化，此天地之所以為大也。」和本章往後的論述同調。「日月相推」而生明，如日月之代明；「寒暑相推」而成歲，如四時之錯行。小德川流，殊途異趣；大德敦化，同歸智海。

「往者屈也」，既往的已成歷史，逐漸喪失對現實的主導力。「來者信也」，「信」同「伸」，未來的還有待掌握規劃，以伸張我們的志向。檢討過去，策勵將來，人群社會的大利便由此生出。數往者順，知來者逆，神以知來，知以藏往，《易經》的大用即在乎是。

「尺蠖」是山野間常見的小蟲，行進時必先蜷屈而後伸。龍蛇這種大蟲，當氣候嚴寒，環境險惡時，也會深藏穴中，以保存性命。我們研究學問到了高深莫測的境界，是為了經世致用，解決人生實際的問題。安身立命，不斷在日常生活的實踐中累積經驗，以提高我們的德行。超過這些以外，虛無縹渺、難以印證的學說理論，只宜存而不論。窮究大道的奧妙，了解天地造化的緣由，那就是真積力久，豁然貫通的盛德。日新之謂盛德，苟日新，日日新，又日新，一切真知必從力行中得來。

神為道體不測之用，入神由精義而生，思之思之，鬼神通之。窮神則已至最高境界，徹上徹下，全體大用皆明。

孔子這一大段議論，由質疑「何思何慮」起，至「德之盛」終，教人法自然、正思維、重實踐，發揮得淋漓盡致。遠離顛倒夢想，方證究竟涅槃。咸卦九四下應初六「咸其拇」，正是心想牽動實行之象。兩爻齊變，恰成既濟卦（下圖），知行合一，利涉大川。爻辭所稱「貞吉悔亡」，貞者事之幹，貞固足以幹事，可救憧憧妄想之失。

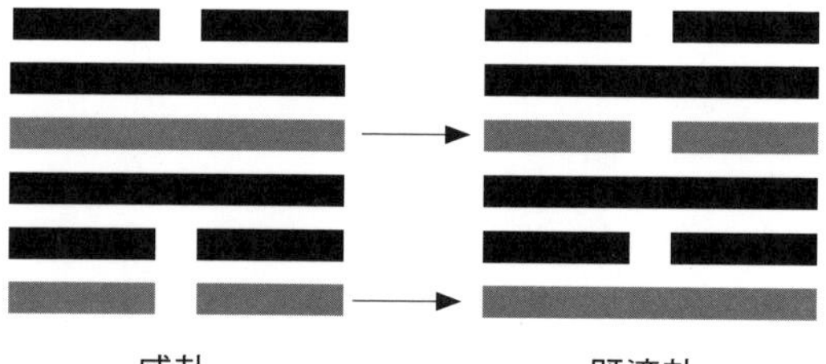
咸卦　　既濟卦

赦過宥罪

咸卦九四爻變成蹇，空想窒礙難行。困卦（䷮）六三進退失據，內外交煎，更是人生慘酷之境。前行大石擋道，後退蒺藜多刺，返家不見其妻，不凶何待？然而孔子毫不同情，反而直斥其非：為了不光彩的事受困，聲名必蒙恥辱，自己選錯了據點，危險怪得誰來？爻變成大過卦（䷛），豈非死期將至？眾叛親離是必然的下場，太太跑了，有什麼好奇怪呢？

困卦六三本身不中不正，陰柔乘於九二陽剛之上，居內卦坎險之極，嗜欲深重，貪嗔妄行，終至自誤誤人，堪為借鑑。

人生包袱太重，難得解脫，造成艱困難行的蹇境，按易理須以解卦化解之。〈繫辭上傳〉第八章最末，曾以解卦六三為例，說明不中不正、負且乘而致寇至的後果。本章則以解卦上六，象徵徹底解脫的智慧。

解卦（䷧）「利西南，往得眾」，強調順勢用柔，運用群力。上六爻辭「公用」二字，正合卦旨。「公」即公眾，將對手造成眾矢之的，國人皆曰可殺而後殺之。「用」字字形，似網罟之象。《老子》稱「無之以為用」，又云「弱者道之用」，所謂「天網恢恢，疏而不失。」最後收網，一舉成擒。「高墉」也者，正是長期造勢所累積的民意基礎，站在制高點上彎弓射箭，自然萬無一失。藏器於身，待時而動，說出人生行事的公式。「工欲善其事，必先利其器。」以解卦六爻而言，上六的弓矢何時準備的呢？

解卦九二爻辭云：「田獲三狐，得黃矢，貞吉。」顯然二爻時，已將除患的工具準備好。由於本身尚在險中，不宜妄動，一直等到六爻動而免乎險，時機成熟了才出手。九二爻變成豫卦（䷏），凡事豫（預）則立，不豫則廢。「動而不括」的「括」字，即坤卦六四「括囊」之「括」，為固結不解之意。解卦上六徹底解決，完全擺脫惡業的糾纏，故稱「不括」。

人生造業，自有因果，常積漸而至。若不及早醒悟，待罪孽深重之時，禍發而不可救，悔之晚矣！孔子往下又以噬嗑卦（䷔）初九和上九兩爻為例，闡明其理。文詞極淺近，人人可喻，但多少人間憾事仍循此鑄成。人性真是充滿了弱點，業力流轉，實在不可思議。

積善成名，積惡滅身，與坤卦初六〈文言傳〉所述相同：「積善之家，必有餘慶；積不善之家，必有餘殃。臣弒其君，子弒其父，非一朝一夕之故，其所由來者漸矣！由辯之不早辯也。」從初犯的「屨校滅趾」，到累犯的「何校滅耳」，「校」的刑具意象，發人深省。罪大而不可解，解卦〈大象傳〉雖稱「赦過宥罪」，但罪孽過深，枷鎖業障永隨身。

「噬嗑」本即生存鬥爭之象，利之所在，殘酷無情，殺機一動，勢不兩立。卦辭稱「利用獄」，真的是活生生的人間地獄，無量眾生沉淪其中，受身心大苦，何日方得解脫？

萬夫之望

否卦（䷋）正如坤卦〈文言傳〉所云「天地閉，賢人隱」，小人道長，君子道消。卦辭直言「否之匪人」，否卦是個非人世界？《尚書》稱謂，人與民有分，民即老百姓，人指任官者。否卦〈彖傳〉稱：「上下不交，而天下无邦也。」〈大象傳〉又以榮祿為戒，可見卦辭意在指斥為政者無德無能，才造成泰極否來的慘境。欲推翻否局，必須「同人于野」，朝野同心協力，度過險難。

否卦九五為君位，當「休否」之責，一身繫天下之安危，爻辭云：「其亡其亡，繫于苞桑。」「苞桑」實指在野的基層民眾，根深入土，充滿韌性，為國命之所繫，九五當全力鞏固之。以爻位言，「苞桑」即初六，故又有茅茹叢生之象。〈小象傳〉且云：「志在君也。」君民若能緊密合作，「休否」有望。

孔子針對否卦九五所發的議論，主要是居安思危。泰極否來的大起大落，充分演證此理。身安而國家可保，比起噬嗑卦的積惡滅身如何？九五爻變成晉卦（䷢），又恢復大有競爭力的局面。為否為晉，全在國家領導人一念之間，故爻辭稱：「休否，大人吉。」

鼎卦（䷱）象徵革命後新建立的共和政權，九四恰當執政之位，陰居陽位不稱職，與六五君位的關係，陽承陰亦不好，勉力撐持，結果可知。「鼎折足」下應初六的「鼎顛趾」，有失去人民支持、國家傾覆之象。「公餗」即公共的資財，全民戮力建設的成果。「渥」字為深濡沾濕之意，九四高官待遇優渥，卻不勝任至此，可謂愧對全民。「濡」字在《易經》中，多用以描述失敗，或指情欲和功名利祿沖昏了頭。如既濟卦初九「濡其尾」、上六「濡其首」；未濟卦卦辭「濡其尾」、初六「濡其尾」、上九「濡其首」；賁卦九三「賁如濡如」；夬卦九三「遇雨若濡」等等。鼎卦九四「其形渥」，真是形容生動。九四爻變成蠱卦（䷑），革命者一旦入朝主政，又成為新的利益階層，腐敗得比誰都快。

孔子的評論，見出其心目中對當政者的要求：以德為首，以知為次，以力為末。三者俱弱，很少不及於禍。

一個偉大領袖究竟應具備些什麼條件？其行動風範何如？孔子在三百八十四爻中，精選出豫卦六二來做說明：「介于石。」「于」同「如」，其介如石，表示立場客觀中立，絕不偏倚任一方，且堅定不移，誰也無法影響動搖。一個人平時這麼冷靜，不隨著野心家的樂聲起舞，一旦事機成熟，必可當機立斷，即刻展開有效的行動。

上交不諂，下交不瀆，表示仍有上下之交，只是絕不逢迎拍馬，也不會為了討好基層而亂了應有的分際。豫卦九四一陽當道，人氣十足，充滿群眾魅力，驅使其他陰爻如癡如狂地追隨。他本身固然志得意滿，其他人卻無一有好結果。初六「鳴豫凶」，高鳴戰鬥的號角，成了炮灰致凶。六三「盱豫悔，遲有悔」，一味仰承上意，諂媚未得歡心。六五君權全被架空，韜晦保命而已。上六冥豫不悟，樂極生悲。全卦唯有六二既中且正，保持清醒，故能「知幾遠害」。

「幾者動之微，吉之先見者也。」算是孔子對「幾」的規範定義，為何只稱吉不提凶呢？照講吉有吉兆，凶有凶機。坤卦初六「履霜堅冰至」、姤卦初六「羸豕孚蹢躅」，就是典型的凶兆。《易經》對人的訓練是知機應變，見機而作。一見凶兆，立刻採速捷行動遏止或化解，如此則不凶矣，故一律以吉稱之。

既有先見之明，由事機之微，可推知事相之彰。行事的過程中，也懂得因時制宜，該用柔時用柔，該用剛時用剛，不逞血氣之勇，不露婦人之仁。這種人物才是能孚眾望、可成大事的領袖。

豫卦六二爻變，成解卦。顯然真正解決問題的是六二，不是慷慨激昂的九四。解卦有和解之意，豫變成解，化干戈為玉帛，解生民於倒懸之苦。〈繫辭上傳〉第十一章所稱：「聰明睿智，神武而不殺。」豫卦六二當之無愧！

正法修行

《易》重生生之道，「復」（䷗）見天地之心，初九一陽在下，為內動之主，正是生生不息之機。孔子以高徒顏回為此爻之代表，克己復禮，其心三月不違仁，不遷怒，不貳過，完全合乎初九之義。有不善未嘗不知，正是知微知機；知之未嘗復行，不終日，貞吉。顏回古稱「復聖」，其來有自。

損卦（䷨）〈大象傳〉稱「懲忿窒欲」，六三和上九兩爻間的互動，卻顯現生化之理。「絪縕」為陰陽之氣瀰漫聚合，醇似釀酒純樸厚實。「天地絪縕，萬物化醇」，形容自然衍生萬物之美，說的是大宇宙的資始資生。「男女構精，萬物化生」，則是人體小宇宙的濃密情懷。

「三人行」，指內卦原為乾，「損一人」，九三變六三為兌。「一人行」，指外卦原為坤，上六變上九為艮。坤卦〈彖傳〉稱「西南得朋」，故稱「得其友」。損卦由內乾外坤的泰卦變來，天地交泰是兩性交往的大原則，經此人為調整後，更有節制而專一，故稱「致一」。原泰卦上六「城復于隍」、九三「无平不陂」，皆有濫交失控之象；現損卦六三「得其友」、上九「得臣」，轉為暢旺榮景。本章開頭咸卦九四講「一致而百慮」，此處損卦六三又稱「致一以生，天下之動貞夫一」！

損卦初九爻辭言「酌損之」，兩性互動之初，斟酌損益，適度節制確有必要。依此行至六三，自然如醇酒般醉人，情深意濃。中孚卦（䷼）九二云：「我有好爵，吾與爾靡之。」九二爻變成益卦（䷩），彼此共飲美酒，至誠相待，皆於身心大有裨益。需卦（䷄）九五云：「需于酒食，貞吉。」九五爻變成泰卦，天地交泰是最自然的生理需要。未濟卦（䷿）上九云：「有孚于飲酒，无咎。」上九爻變成解卦，身心徹底放鬆。〈繫辭上傳〉第九章有云：「顯道神德行，是故可與酬酢，可與佑神矣！」以美酒況情誼，意境極貼切。

損卦以二、三、四爻為下卦，三、四、五爻為上卦，所得之卦中卦為復卦。「懲忿窒欲」與「克己復禮」相通，復卦初九一陽復始，所顯現的生機，正為損卦六三所致之「一」。

損極轉益，益極卻也變損，益卦上九正顯此理。上九為「亢龍」之位，失時失勢，已不能再予人利益，若仍高傲待下，必遭反噬。「或擊之」的「或」，是不定之詞，表示打擊可能來自各方。人情冷暖，世事無常，達人君子應深知警懼。

「危以動」、「懼以語」，色厲內荏，會給人看破手腳，完全不予響應。無交而求，一廂情願，當然沒人理睬。一旦陷於孤立，則過去在位時所結下的仇怨，便易接踵而至，人生慘酷有如此者。故而孔子規勸：「安其身而後動，易其心而後語，定其交而後求。」語似平淡，卻是至理，人人依此修行，可得萬全。〈小象傳〉釋「莫益之」為「偏辭也」，「偏」即不全，片面求益；「偏」即不正，偏頗失宜。〈繫辭下傳〉首章有云：「理財正辭，禁民為非曰義。」益卦上九理財未能正辭，故而致凶。

第六章　深切著明

子曰：「乾坤，其《易》之門邪？」乾，陽物也；坤，陰物也。陰陽合德，而剛柔有體，以體天地之撰，以通神明之德。其稱名也，雜而不越，於稽其類，其衰世之意邪？夫《易》，彰往而察來，而微顯闡幽，開而當名辨物，正言斷辭則備矣！其稱名也小，其取類也大，其旨遠，其辭文，其言曲而中，其事肆而隱。因貳以濟民行，以明失得之報。

大道之門

本章似有脫文，語意精練，由陰陽兩儀的精妙互動闡揚大易之理，相當精采。《易經》和《春秋》為經學雙璧，本章稱述易象易辭，表達精確，實與春秋筆法相當，值得注意。

乾、坤為父母卦，一切變化由此而生，故稱為「《易》之門」。〈繫辭上傳〉末章稱乾坤為「易之縕」，上傳十一章且說：「闔戶謂之坤，闢戶謂之乾，一闔一闢謂之變，往來不窮謂之通。」可見並不是有兩扇門，而是一扇門的兩個動作，一開一闔，產生了無窮的變化。〈繫辭上傳〉第六章又稱：「夫坤，其靜也翕，其動也闢。」換言之，坤動之極，尚可變乾。縱橫家之祖鬼谷子機變百出，其書首篇即名〈捭闔〉。「捭」為撥動使開，「闔」為閉戶深藏。

不稱乾坤為陰陽，而稱陽物、陰物，更顯得廣泛而具體。乾坤交合生萬物，剛柔交錯有了各自的形體，由萬物形體各異，充分體現天地造化的奧妙，以及生生不已的德性。「通神明之德」，已見於下傳次章。「神」指自然造化，「明」重人文開創，實即通天人之際以建設文明之意。「撰」字有選擇、創作、具備等義。「以體天地之撰」，頗有孟子「萬物皆備於我矣！反身而誠，樂莫大焉；強恕而行，求仁莫近焉」之精神氣概。「剛柔有體」，自然體現「天地之撰」，深心體悟，又可「通神明之德」。

陰陽的抽象層次及存在層級，較剛柔為高，陰陽合德才剛柔有體。〈說卦傳〉稱：「立天之道，曰陰曰陽；立地之道，曰柔與剛。」又云：「觀變於陰陽而立卦，發揮於剛柔而生爻。」「分陰分陽，迭用柔剛。」〈繫辭上傳〉第五章則稱：「一陰一陽之謂道……陰陽不測之謂神。」

〈彖傳〉多言剛柔，罕言陰陽，唯一例外是泰、否兩卦：「內陽而外陰，內健而外順。」泰卦天地交，稱陰陽不言剛柔。「內陰而外陽，內柔而外剛。」否卦天地不交，先稱陰陽再言剛柔。屯卦稱「剛柔始交」，坤卦云「柔順利貞」，乾卦未提陰陽剛柔。

〈大象傳〉完全不提陰陽剛柔，直接由自然現象言及人事運用。〈小象傳〉注重爻際的剛柔互動，如剛柔際、剛柔接、剛柔節、乘剛、遇剛、敵剛、柔在下等。乾、坤初爻則直稱陰陽：「陽在下」、「陰始凝」。這些遣詞用字，應有考慮。

〈序卦傳〉不涉陰陽剛柔；〈雜卦傳〉以「乾剛坤柔」始，以姤的「柔遇剛」，夬的「剛決柔」為終。〈文言傳〉則剛柔陰陽互見。由以上討論，「十翼」的作者對陰陽、剛柔的分際，確有理解和掌握。

稱名察類

往下一大段討論《易經》中取象稱名的問題，但語意脈絡不甚連貫，例如劈頭一句「其稱名也」，究竟何所指，頗費疑猜。按講它與後文的「其稱名也小」應指一事，而後文前有「夫《易》」的發語詞，隸屬明確，不似此處憑空而來。前文以乾坤起論，漸轉至「剛柔有體」的生生變化，接述「其稱名也」，不是不可通，畢竟轉折大了些。

「雜而不越」，龐雜、複雜而不踰越，不踰越什麼呢？肯定是不踰越某些基本規範，現象再怎麼混沌難明，細心探索仍有秩序存焉。所謂變易中有不易，萬變不離其宗。「雜」字在《易傳》中頗為重要，〈繫辭下傳〉後幾章還會碰到，其基本含義應指剛柔交錯，如此則與前文「陰陽合德」掛搭上。所謂「不越」，就是《易經》中的稱名再怎麼變化多端，仍不能脫離乾剛坤柔、相反相成的規範。

「於稽其類」，「於」為發語詞，「稽」是反覆考求核驗，「類」又是陰陽合之義，已於〈繫辭下傳〉次章中詳細論證。該章述伏羲畫卦，「以通神明之德，以類萬物之情」，恰與本章「以通神明之德，……於稽其類」相合。我們由《易經》中的稱名分類、類比、類推、觸類旁通，可遙想數千年前作者的心情懷抱，以及欲傳達的意念。這不就是〈繫辭上傳〉末章的主旨嗎？雖然書不盡言，言不盡意，聖人卻可立象以盡意，而觀象必重知類，知類才能通達。

問題是聖人作《易》，為何是「衰世」之意呢？由前後文的氣勢堂堂，信心滿滿看來，實在沒有什麼衰世怨悱的氣息。「以體天地之撰，以通神明之德」，說是創世之意還差不多。通觀〈繫辭傳〉全部二十四章，稱述易辭易象精妙者，幾乎全不涉及所謂衰世的情懷，而揣摩此處上下文脈，轉出此語，也嫌突兀。孔子由《易》的稱名，既贊其「雜而不越」，如何能得此結論？雖然語氣有不肯定的猜測味道，還是於理難通。

倘若「其衰世之意邪」不是衍文，那麼就有可能和下章論憂患九卦有關：「《易》之興也，其於中古乎？作《易》者，其有憂患乎？」〈繫辭下傳〉第十一章亦稱：「《易》之興也，其當殷之末世、周之盛德邪？當文王與紂之事邪？是故其辭危。」明顯以疑問語氣，強烈暗示易辭與周文王的關係。其實「易之興」和「易之作」不同，商周之際文王的憂患，不宜過分誇大。傳統所謂文王重卦之說，決計站不住腳，卦辭出其一手，也難以置信。這裡可能又有學派之爭的問題，大《易》之作為萬世立法，衰世盛世，皆宜信受奉行。

鑑往知來

「彰往而察來」，徹底認清過去，就能幫助我們觀察未來。《論語‧為政》云：「溫故而知新，可以為師矣！」新由故出，依律推衍，溫故就能知新，所以孔子斟酌三代損益，敢言「百世可知」。《易經》特重往來，卦爻辭言及往來者不計其數。泰卦（䷊）小往大來，否卦（䷋）大往小來，積久成泰，泰極否來的時勢變化規律，令人警惕。剝卦（䷖）「不利有攸往」，復卦（䷗）「七日來復，利有攸往」，剝極而復的順勢操作，有大智能。蹇卦（䷦）初、三、四、上爻並稱「往蹇」，而云「來譽」、「來反」、「來連」、「來碩」，二爻不言往來，五爻「大蹇朋來」。〈彖傳〉總其成，稱道「往有功」。「蹇之時用」的全面整合，功力非凡。解卦（䷧）卦辭稱：「无所往，其來復吉；有攸往，夙吉。」層次節奏，井然有序，一切疑難雜症迎刃而解。咸卦（䷞）九四爻變成蹇卦，亦云「憧憧往來，朋從爾思。」孔子由此深悟往來之義，而有「一致而百慮，同歸而殊途」的精湛思維。

歸根究柢，《易經》的主張見〈說卦傳〉：「數往者順，知來者逆，是故易逆數也。」〈繫辭上傳〉第五章亦云：「極數知來之謂占。」過去已經發生的事，我們只能順受，未來若能預測，當然要積極迎接，充分準備。時勢發展的往來順逆間，必有因果規律可尋，一旦了悟變易後的不易，事事將變得簡易。彰往能察來，有了歷史認識的縱深，當前的問題便可看得真切，而未來的趨勢也漸能掌握。大畜卦（䷙）厚儲資源，為未來做萬全的準備，其〈大象傳〉稱：「多識前言往行，以畜其德。」此即「彰往」。而〈彖傳〉云：「日新其德。」〈雜卦傳〉又云：「大畜，時也。」此即「察來」。

「而微顯闡幽」，文氣稍怪，但意義很清楚。易辭、易象洞察人事人性的幽微，予以精確描寫，深刻闡揚。〈繫辭上傳〉第四章稱：「知幽明之故。」第八章云：「言天下之至賾而不可惡也。」第十章稱：「無有遠近幽深，遂知來物。」十一章云：「探賾索隱，鉤深致遠。」十二章稱：「極天下之賾者存乎卦。」皆同此意。幽微之處視之不見，聽之不聞，往往為人情所忽，卻可能決定人生大事的成敗。所謂見微知著、知機應變、杜漸防微，本即學《易》應有之義。

《史記・司馬相如列傳》有云：「春秋推見至隱，易本隱以之顯。」《春秋》言人事得失，以通天道；《易經》本天道，以及於人事。天人之際、古今之變，隱顯之間，皆有至理存焉。

「開而當名辨物」，「開」字意蘊深厚，勁道十足，開天闢地、開物成務、大開大闔，有將一切理論付諸實踐的勇決氣魄。《史記・孔子世家》有云：「貶損之義，後有王者舉而開之，春秋之義行，則天下亂臣賊子懼焉。」「舉而開之」，「開」即此處「開」字之意。孔子有正名思想，「名不正則言不順，言不順則事不成」，人生行大事必須謹於立名，名稱若正當合宜，理念才有號召力，才能將萬事萬物分辨清楚。同人卦（䷌）「通天下之志」，其〈大象傳〉云：「君子以類族辨物。」辨物是宣揚實行大同思想的必修工夫，族群問題沒徹底弄清楚，世界和平只是妄想。未濟卦（䷿）從失敗中領受教訓，其〈大象傳〉即稱：「君子以慎辨物居方。」

名稱既當，物事已明，往下便須提出正面的看法，和解決問題的方略。當機立斷，形成決策，付諸實踐，如此才是《易》之大用。彰往察來、微顯闡幽、當名辨物、正言斷辭，何其完備？

「彰往察來」的四句論斷，若移之於《春秋經》，亦充分相合。《春秋繁露・精華第五》稱：「古之人有言曰：不知來，視諸往。今《春秋》之為學也，道往而明來者也。然而其辭體天之微，故難知也。」《春秋》以二百四十二年的魯史設況，借事明義，其宗旨仍在啟發後世有志者，以具體行動改造社會，一切文辭為此而發，並非止於理論層次。《史記・太史公自序》說得很清楚：「我欲載之空言，不如見之於行事之深切著明也。」

〈易傳〉論辭，亦不能脫離行動。乾卦〈文言傳〉九三爻有云：「修辭立其誠，所以居業也。知至至之，可與幾也；知終終之，可與存義也。」此處的修辭，顯然和立身行事有關，絕非尋章摘句，賣弄辭藻。〈繫辭下傳〉首章亦稱：「繫辭焉而命之，動在其中矣……功業見乎變，聖人之情見乎辭……理財正辭，禁民為非曰義。」上傳末章則云：「鼓天下之動者存乎辭。」上傳第三章明確指出：「辭有險易，辭也者，各指其所之。」聖人據易象，作易辭，精確描寫人生百般情境，有艱險，有平順，皆指引人積極行動，趨吉避凶。

相反相成

末段再談稱名，解析易辭殊勝的表達方式，以及善巧運用於行事之法。行文對仗工整，一氣呵成，也是難得的好文章。

「其稱名也小，其取類也大」，再次宣揚易象觸類旁通的優越性。既然所有稱名，都有陰陽合德的本性，物物一太極，具體而微，因小即能知大。屯卦（䷂）的初生小草破土而出，充分體現生之艱難和氣機飽滿，引申為創業維艱，自然予人許多啟發。蒙卦（䷃）雜草重生，遮蔽視野，陷身其中，不知何去何從，藉此發揮教養之義，也是順理成章。

其實，因小知大、鑑往知來之所以可能，也完全合乎現代「時空全息論」的規律。宇宙萬象息息相關，只要掌握了「類」的法則，引而伸之，觸類而長之，天下之能事畢矣！

「其旨遠，其辭文，其言曲而中，其事肆而隱」，正所謂微言大義。《易經》立象、《春秋》設況，甚至《詩經》的比興、《周官》的擬制，都藉著特殊的表達方式，傳達深遠閎大的意旨。《孟子・離婁篇》有云：「王者之跡熄而《詩》亡，《詩》亡，然後《春秋》作……其事，則齊桓晉文；其文，則史。孔子曰：『其義，則丘竊取之矣！』」《春秋》繼《詩》而作，其目的在行天下為公的王者之道。格於當時的政治環境，難以坦率直言，遂仿《易經》立象以盡意的方式，借史事以明義，其言其辭均斟酌損益，做了高度象徵迂迴的處理，這就是有名的春秋筆法。易象易辭千變萬化，《春秋》義例也從變而移，自成一套象徵體系，沒有專業的師說師承，很難深入挖掘到真相。《春秋繁露・楚莊王第一》稱：「《春秋》之辭多所況，是文約而法明也。」用辭簡練，義法嚴明。〈竹林第三〉云：「《春秋》無通辭，從變而移。」「辭不能及，皆在於指，非精心達思者，其孰能知之？」〈玉英第四〉強調：「說《春秋》者，入則詭辭，隨其委曲而後得之。」

以上重大經典所示範的表達方式，並非僅有理論詮釋的意義，也是人生行大事宜有的考慮。名稱上不必太計較，愈小愈不致引起注意，但妙處在激發聯想，因類擴充。內涵的宗旨很遠大，表面的辭令，卻包裝文飾得不露痕跡。立說委曲婉轉，卻招招擊中要害；所有行事都公開展示給大家看，而真正的企圖和動機，仍然隱藏得很好，不會曝光。「言曲而中」，「事肆而隱」，尤其是高段功夫。言曲若事亦曲，易啟人疑竇，事不但不曲，反而大肆鋪張，供人檢閱。這種佈局隱顯深淺的拿捏，若恰到好處，必成大事。

「因貳以濟民行」，「濟民行」沒問題，始終是《易傳》強調的重點，任何用心和努力皆歸終於此。但「貳」是什麼？為何根據貳、運用貳，就能有助於民眾行事呢？朱熹說「貳」是疑，即民眾遇事猶疑，吉凶難定之意，恐怕不通。「貳」字僅見於《易經》一次，坎卦（䷜）六四爻辭云：「樽酒，簋貳，用缶。」「貳」為副，配套之意，主官的副手稱為「儲貳」。乾剛坤柔，乾壹坤貳，仍為陰陽合德之義。本章由乾坤為易之門起論，一氣貫下，始終未偏離主要論旨。往來、微顯、小大、肆隱都是貳，教人凡事須觸類旁通，練習從陰陽兩面去思考，行事才靈活有變化。陰陽合則得，陰陽不合則失，吉凶報應歷歷不爽，這便是「以明失得之報」。

《老子》四十二章的名言：「道生一，一生二，二生三，三生萬物，萬物負陰而抱陽，沖氣以為和。」二為陰陽，陰陽和合為三，三即能生萬物。陰陽合為類，「萬物睽而其事類」，睽之時用大矣哉！懂得相反相成之道，一切逆境都可能反面運用，而發揮重大效益。「彰往而察來」，往事有可法，有足戒，事實上足戒者可能更多。「大道之行」可法，「三代之英」足戒；「王用亨于西山」可法，「喪羊于易」、「喪牛于易」足戒；「康侯用錫馬蕃庶」可法，「高宗伐鬼方」足戒。春秋十二公，其實無一可法，論其行跡，全部足戒。愈是反面慘烈的形象，愈凸顯人心惟危，道心惟微的至理，愈警惕人奮發上進。孔子說得好：「三人行，必有我師焉，擇其善者而從之，其不善者而改之。」

第七章 撥亂反正

《易》之興也，其於中古乎？作《易》者，其有憂患乎？是故履，德之基也；謙，德之柄也；復，德之本也；恒，德之固也；損，德之修也；益，德之裕也；困，德之辨也；井，德之地也；巽，德之制也。履，和而至。謙，尊而光。復，小而辨於物。恒，雜而不厭。損，先難而後易。益，長裕而不設。困，窮而通。井，居其所而遷。巽，稱而隱。履以和行。謙以制禮。復以自知。恒以一德。損以遠害。益以興利。困以寡怨。井以辯義。巽以行權。

生於憂患

本章為著名的「三陳九卦」，依卦序選出由履至巽的九個卦，以德行釋之。由於開頭談到作《易》的憂患意識，又稱「憂患九卦」，似乎教人在亂世中依序修行之法。何以只選這九卦，其間有何關聯？分三次陳述又是什麼意思？誰提出來的呢？跟孔子有沒有關係？這些問題深究下去，極有意趣。

前章討論衰世之意時，曾質疑「《易》之興」和「《易》之作」不同時，不可混為一談。中古意指何時，亦難確斷，是不是〈繫辭下傳〉十一章所強烈暗示的殷周之際，也有問題。周文王顯然不是作《易》者，《周易》前有《連山》、《歸藏》之說，應非虛構。文王的羑里憂患，刺激了周代商而有天下，使《易》一躍而為定國安邦的顯學，稱為「《易》之興」不為過，但並不表示作《易》者也有憂患。「其衰世之意邪？」「其有憂患乎？」「其當殷之末世、周之盛德邪？」所有這些相關命題，皆以揣測語氣提出，以此帶出後文，甚至加上「是故」二字，強調因果關聯，實在耐人尋味。是衍文？是正文？是本即如此，還是反映了學派的主張？

根據《公羊春秋》的說法，孔子思想和三代之盛的周文明，實有重大差距，大同社會和小康世的主張，無法折中妥協，於是尊孔或尊文王，就成了數千年儒家的學派之爭。〈繫辭傳〉成書，最晚可至秦漢，非出一人之手，反映重大爭議實無足怪。藉著詮釋經典而闡揚自身理念，從古就是如此。孔子作《春秋》，不也表白「其義則丘竊取之」嗎？

周文王的羑里憂患，確能予人相當啟發，今本《易經》的坎、明夷二卦，尚可窺其意蘊，但不宜過分誇大。宇宙奧秘無窮，人生智慧亦可不斷生新。孔子說：「文王既沒，文不在茲乎？」《公羊春秋》之何休注文論文王，主張「法其生，不法其死」，這才是與時俱進的大氣魄、真精神。

作《易》者不起於文王，那起於何時、何人呢？伏羲只是畫卦，並沒說他作《易》。〈易傳〉稱作《易》者為聖人，誰是聖人？八八六十四卦這套學問系統，又是自何時起稱《易》呢？已流傳至今的先秦經典來看，《老子》夠古了，五千言未及《易》。《論語》稱《易》僅寥寥數則；《孟子》完全沒提。《荀子》則有幾處見之，但《詩》、《書》、《禮》、《樂》、《春秋》並論時，卻不提《易》。

無論如何，由畫卦、《易》之作、《易》之興，到孔子集大成，以及〈繫辭傳〉之作，肯定是源遠流長的發展過程。作傳的人習《易》，起憂患之感，也算正常。孟子稱「生於憂患」，〈繫辭傳〉云「生生之謂易」。艱難困苦，玉汝于成，丁逢亂世，往往恰是深入學習的殊勝機緣。大《易》與《春秋》相表裡，而撥亂反正、據亂以致太平，即《春秋》主旨。

進德修業

憂患九卦依卦序選出，其間似有規律性：履（䷉）、謙（䷎）二卦相錯，恒（䷟）、益（䷩）二卦相錯，損（䷨）、益相綜，困（䷮）、井（䷯）相綜。上經三卦，下經六卦。履之後五卦為謙，再後九卦為復，恒之後九卦為損，益之後五卦為困，井之後九卦為巽，這是隨機巧合或別有心裁？以組合的三畫卦論，獨欠「離中虛」（☲），憂患難見光明，人群網絡須重新修補。「巽下斷」（☴）最多，深入潛修，低調權變，才能化解患難？

九卦全以德稱之，符合〈易傳〉尚德的整體思維。乾坤為《易》之門，陰陽合德而剛柔有體，兩卦言德者特多：德施普、天德不可為首、君子行此四德、龍德而隱、龍德而正中、德博而化、君德、進德修業、位乎天德、君子以成德為行、與天地合其德、德合無疆、厚德載物、至靜而德方、敬義立而德不孤。其他各卦言德，多見於〈大象傳〉：蒙卦「果行育德」、小畜卦「懿文德」、否卦「儉德避難」、豫卦「作樂崇德」、蠱卦「振民育德」、大畜卦「以畜其德」、坎卦「常德行」、晉卦「自昭明德」、蹇卦「反身修德」、夬卦「居德則忌」、升卦「以順德，積小以高大」、漸卦「居賢德善俗」、節卦「制數度，議德行」。至於經文本身言及德者，有五處：訟卦六三「食舊德」、小畜卦上九「尚德載」、恒卦九三「不恒其德」及六五「恒其德」、益卦九五「有孚惠我德」。〈繫辭傳〉各章稱德者更多，盛德、至德、崇德、賢人之德、蓍之德、卦之德、神明之德，幾乎成了德化的自然觀和人生觀。〈說卦傳〉首章總結得好：「和順於道德而理於義，窮理盡性以至於命。」

「履」為「德之基」，憂患九卦之首，一切修德從實踐開始，實踐是檢驗真理最好的標準。人生在各個階段腳踏實地奮鬥，久而久之，就有了可觀的履歷。

「謙」為「德之柄」，「柄」指入手處，執持以應萬變。謙讓不爭，天下莫能與之爭，謙受益，天地人鬼神都福佑。

「復」為「德之本」，木下為本，即生命根柢之意。復見天地之心，一元復始，萬象更新。

「恒」為「德之固」。堅守原則，「立不易方」為固。真理常道本存於天地之間，不假外求為固。

「損」為「德之修」。懲忿窒慾，《老子》稱：「為道日損，損之又損，以至於無為，無為而無不為」。身心不斷調整修行的極境，轉而獲益。

「益」為「德之裕」。為學日益，苟日新，日日新，又日新，資源充裕，心量開闊寬裕，行事順暢，一切綽綽有餘裕。

「困」為「德之辨」。疾風知勁草，板蕩識忠臣，君子固窮，小人窮斯濫矣！世無艱難，何來人傑？滄海橫流，方顯英雄本色。困乎上者必反下，既有資源耗盡，才會深入開發新資源。

「井」為「德之地」。淵泉時出，紓困濟民，取之不盡，用之不竭，真是太上有立德的寶地。

「巽」為「德之制」。靈動深入，潛移默化，因時因地制宜，逐漸化被動為主動，取得發號施令的地位，列為九德之終，大有深意在。

由九德定位的用字修辭，不難看出其依序發展的脈絡：在亂世中，首先要建立適合自己發展的基地，腳踏實地奮鬥，打好事業的基礎。對外關係儘量謙和忍讓，設身處地為對方著想，避免無謂紛爭。勻出心力培元固本，探討真理，做長期剝極而復、改造現狀的準備。大本立定，面對不斷變遷的形勢，仍得斟酌損益，在策略上做機敏適時的調整，以開拓生存發展的空間。即使如此兢兢業業，人生還有可能階段性受困，一旦遭遇瓶頸，得再深入研發轉型。積此耗時經年的努力，終於化解憂患橫逆，取得最後的勝利。

慎思明辨

第一次陳述九卦，以卦境、卦德的定位為主，以下第二次，則強調修行歷程的特色。

「履，和而至」，人生實踐須心平氣和，調和各方衝突矛盾，才可能達成終極的最高目標。

「履虎尾」而不遭反噬，冒最高的風險觸碰強敵的痛點，還能履險如夷，全身而退，非和不為功。和而不同，和實生物，陰陽沖氣以為和，和才能以柔克剛，進而剛柔互濟，促成社會的和諧。

履為一陰五陽之卦，〈彖傳〉稱：「說而應乎乾。」和其綜卦小畜卦（䷈）一樣，懂得以小事大，善用槓桿支點，爭取夾縫中生存的最高利益。坤卦講究順勢用柔，其初六爻辭云：「履霜，堅冰至。」第一個字即「履」，「堅冰至」，「和而至」，至的功夫正為坤元創造力所在，由天至地，剛柔配合無間。離卦以柔中之德，鋪展人際網絡，初九爻辭亦云：「履錯然，敬之，无咎。」坤、離皆由「履」開始，故稱「履，德之基也」，二卦尚柔，故云「和而至」。

「謙，尊而光」，〈繫辭傳〉的說法和〈彖傳〉完全一致。〈彖傳〉還有後文：「卑而不可踰，君子之終也。」謙卑處世，過程低調，最後結果卻超越眾人，沒有人競爭得過他，還贏得眾人的尊重，光明遍照。《尚書‧堯典》稱述帝堯之德：「允恭克讓，光被四表，格于上下。」正合謙「尊而光」的表率。

「復，小而辨於物」，復見天地之心，心能辨物，慎思明辨，格物致知。一陽起於五陰之下，故名為小，內動而為眾陰之主，思之思之，鬼神通之，故能明察萬物。復卦（䷗）初九〈小象傳〉云：「不遠之復，以修身也。」一般解釋是行為偏離正道不遠，即能回頭改過；其實就根源上說，不遠即近，指的就是心。正心以修身，以彰顯良知良能的創造力，故爻辭稱「元吉」。

復卦六二受初九的強烈影響，深刻反省，見賢思齊，〈小象傳〉云：「以下仁也。」顯示初九為核心的生機，仁心仁德的象徵，且看《論語》上怎麼說？

〈述而篇〉云：「仁遠乎哉？我欲仁，斯仁至矣！」〈雍也篇〉云：「夫仁者，己欲立而立人，己欲達而達人。能近取譬，可謂仁之方也已！」人心在身，自反即知，故云不遠。《孟子・盡心篇》發揮此義，有云：「萬物皆備於我矣，反身而誠，樂莫大焉，強恕而行，求仁莫近焉。」卦序復之後為无妄、大畜，正是反身而誠，萬物皆備於我之象。

從「小而辨於物」，發展到萬物皆備於我，進而如〈繫辭上傳〉所稱「開物成務」，「知周乎萬物而道濟天下」，可見心力的不可思議。「復，德之本也」，君子務本，本立而道生，禪云明心見性，自性生萬法。復卦之義蘊，真是深遠無極。

「小而辨於物」，除了內視反聽的心性修為外，還得講求分析入微的思辨之術，精研萬事萬物之理，才不致淪寂蹈空。現存《大戴禮記・小辨篇》有云：「內思畢心，曰知中，中以應實，曰知恕。」思維的功能與實事實物相應，才可能「開物成務」，篇名「小辨」，和「小而辨於物」之義理相通，撰作上應有關聯。

「恒，雜而不厭」，仍在本心上立論。復的天地之心既立，往後還得長期存養，無論遭遇多複雜煩擾的情境，都如如不動，不起厭離之想。「恒」字為古版《易經》上一特殊字，不以「亙古心」，而以去掉底部一橫的「一日心」取義，實有深意。此心亙古不變，高調到近乎荒誕，一日心為恒，卻有務實修行的理論根據。一日包含晝夜輪替，已具陰陽幽明之義，經典中常以之為周期變化的計時單位。幹蠱「先甲三日，後甲三日」；巽命「先庚三日，後庚三日」；革命「己日乃孚」；復稱「七日來復」。《尚書・臯陶謨》「一日二日萬幾」；《大學》日新其德。說通透了，其實一日並不為少，每天養成習慣，念茲在茲，惕厲修行，經久自然養成恒德。

所以，孔子在《論語・里仁篇》中，才會抒發感慨：「有能一日用其力於仁矣乎？我未見力不足者。」《論語・顏淵篇》中顏淵問仁，孔子回答：「克己復禮為仁。一日克己復禮，天下歸仁焉。」顏回「不遷怒，不貳過」，孔子以之為「不遠復」的實踐表率，已見於〈繫辭下傳〉第五章。後世稱之為「復聖」，可見其日新之功，超邁同儕，已進入習慣成自然的恒卦境界。《論語・雍也篇》中孔子說得很清楚：「回也，其心三月不違仁，其餘則日月至焉而已矣。」

「三月不違仁」，其實已符合《論語・里仁篇》的設定標準：「君子無終食之間違仁，造次必於是，顛沛必於是。」造次、顛沛皆人生雜擾之境，「不違仁」，「必於是」，即「雜而不厭」。「雜而不厭」的修辭，讓人想起上章的「雜而不越」，之所以不厭不越，皆因中心有主。〈雜卦傳〉釋蒙卦為：「雜而著。」本心雖雜於習染，只要正確啟蒙，仍能昭著光明。

「損，先難而後易」，懲忿窒慾，自我減損，開始當然不容易，行之已久，嗜欲漸淺，天機漸深，也就從容和易了。

「益，長裕而不設」，「不設」即無心自然，全無矯情造作。「長裕」的「長」，更顯修養功深，德之裕已臻穩定狀態，心淨國土淨，心寬天地寬。《論語・雍也篇》樊遲問仁，孔子回答：「仁者先難而後獲，可謂仁矣。」先難而後獲，先難而後易，正是損極轉益。「長裕」的「長」，和恒卦有關，恒、益兩卦相錯，本有旁通之義。益卦上九求益過度，反而招凶，其爻辭即稱：「立心勿恒，凶。」〈小象傳〉且云：「或擊之，自外來也。」恒為德之固，本心具足自在。上九「立心勿恒」，有了外誘之私，百般設計施為以求益，壞了「長裕而不設」的格局，遂致凶險。

「困，窮而通」，窮則變，變則通，故卦辭首言「亨」。孟子論生於憂患章則云：「天將降大任於是人也，必先苦其心志，勞其筋骨……所以動心忍性，增益其所不能。人恒過，然後能改。困於心，衡於慮，而後作。」

「井，居其所而遷」，遭困之後，進行深入研發，勞動改造。井卦若開發成功，進入革卦，靜峙不移，就足以改變整個世界。井卦卦辭稱：「改邑不改井。」〈大象傳〉云：「勞民勸相。」困的窮而通，即因鑿井有成。「居其所而遷」的修辭，更強化了「井，德之地也」的意象，又與《論語‧為政篇》首章的譬喻相通：「為政以德，譬如北辰，居其所而眾星共之。」無喪無得，似北辰星光不滅，往來井井，即「眾星共之」。

「巽，稱而隱」，行事潛移默化，用心良苦深細，長期部署經營，終獲成功，一切物事的安排，皆恰到好處。「稱」有衡量輕重、精確計算，以至毫釐不差之義。謙卦〈大象傳〉即云：「裒多益寡，稱物平施。」

下學上達

第三次陳述九卦，將其終極功效做個總結：一陳時用「之」，二陳時用「而」，三陳則用「以」字，和〈大象傳〉「君子以」的用法相同，將既有資源做最好的運用。

「履以和行」，再次點出「和」的重要，以及「履」的實行特色。「謙以制禮」，社會規範的制定是為了弭平紛爭，使不同陣營的成員能和平相處。履、謙二卦相錯，有旁通之義。根據謙的原則制禮，禮制定以後，再以履的精神照章實行。「履」字本與「禮」、「理」義通，禮以理定，依禮而行。大壯卦（䷡）〈大象傳〉即稱：「君子以非禮弗履。」謙為言之兼，表述任何主張皆兼顧各方利益和立場，以之制禮，最無偏頗。謙、豫（䷏）二卦相綜，謙以制禮，豫以作樂。豫之〈大象傳〉故稱：「先王以作樂崇德。」

《論語‧學而篇》有云：「禮之用，和為貴；先王之道，斯為美，小大由之。」謙和處世，履以和行，相錯兩卦在禮上有了最佳呼應。克己復禮為仁，仁為禮樂之本，所以復卦亦與禮有關，而且探討得更深入，為禮樂制度找到了合乎人性的根源。復為德之本，確實所言不虛。

「德之基」建立在「德之本」上，「履」字中含有「復」字，「尸」為作主之意，「履」其實就是「主於復」，依於仁而行禮。履卦和復卦關係之密切，亦見於乾、坤兩卦爻的變化。乾卦九三爻變，為履卦，〈小象傳〉傳云：「反復道也。」乾代表天理，九三為人之正位，「復」為天地之心，代天行道即「履」。乾卦九三爻辭稱：「君子終日乾乾，夕惕若，厲无咎。」朝乾夕惕，合為一日，正合前述「日新其德」之理。坤卦初六爻變為復卦，爻辭稱：「履霜，堅冰至。」「履」的目的即為「復」，行道證道，以見天地之心。

「復以自知」，和〈繫辭上傳〉首章所稱「乾以易知」不同。乾知大始，純性自然；一陽復始，有了人心人性的覺醒。《老子》有云：「知人者智，自知者明。」又稱：「歸根曰靜，是謂復命，復命曰常，知常曰明。」又云：「見小曰明。」「小而辨於物」，自知自見為明。「復，德之本也」，上承乾卦的天道，下啟離卦的文明，在生命演化上，有無比關鍵的重要性。

「恒以一德」，久歷憂患，不改常度。咸（䷞）、恒相綜，《尚書》有〈咸有一德〉篇，據說為伊尹所作，篇中不斷強調「一德」的重要：「惟天佑于一德……惟民歸于一德。德惟一，動罔不吉；德二三，動罔不凶……終始惟一，時乃日新。」

「損以遠害」，節制嗜慾當然可以遠離災害。損、咸相錯，用情不當易致傷害。「益以興利」，益、恒相錯，根基立定，將本求利，日進無疆。恒卦重一，但又不可太執著於一，否則難以騰挪變化。六五爻辭云：「恒其德貞，婦人吉，夫子凶。」〈小象傳〉稱：「婦人貞吉，從一而終也；夫子制義，從婦凶也。」即寓批判之義。恒卦卦辭欠元，開創力不顯，處雷風動盪之時，不宜執一以自我設限。恒錯為益，觸類旁通，初九、九五兩爻爻辭皆言元吉。損、益相綜，六三「致一」，「三人行則損一人」，六五「元吉」，卦辭亦稱「元吉」。恒、損、益三卦卦爻的錯綜變化，可見「一」與「元」的不同，以及「改一為元」的具體功效。

「困以寡怨」，人生難免困頓，應減少牢騷抱怨，積極轉型謀求出路。「井以辯義」，已立立人，已達達人，轉化一己小我的困厄，為生民造福，完全清楚公私義利之辨。《論語・憲問篇》錄載孔子的話：「不怨天，不尤人，下學而上達，知我者，其天乎？」「下學而上達」，正是鑿井汲井之象，不怨不尤，先從「困以寡怨」做起。《論語・述而篇》記冉有問伯夷、叔齊，不仕周而死，心中可曾有怨，孔子回答：「求仁而得仁，又何怨？」憂患九卦，以復的仁心仁德為本，因應不同的情境考驗，展現出艱難而精彩的求仁之路。

蹇卦（䷦）外險內阻，寸步難行，形勢不比困卦輕鬆。六二〈小象傳〉云：「王臣蹇蹇，終无尤也。」也從「寡怨」入手。六二爻變成井卦，「勞民勸相」，結集群力以突破困局。「困，德之辨也」，「井以辨義」。人生困頓，會一蹶不振，或天蠶再變，可得慎思明辨，而復「小而辨於物」的基本功，不可或缺。

「巽以行權」，「權」有權衡、權量、權變、權勢諸義，一路機敏低調行事，終於取得發號施令的主控權。憂患九卦自「履以和行」始，至「巽以行權」終，首尾呼應，層次井然。巽為風，為天命的象徵，下學而上達，窮理盡性以至於命。風行草偃，化及全民，人世憂患至此，已撥亂反正矣！《論語・子罕篇》：「可與共學，未可與適道；可與適道，未可與立；可與立，未可與權。」「共學」相當於「履德之基」，「適道」相當於「復德之本」，「立」相當於「恒德之固」，「權」則為「巽德之制」，「行權」是學道的最高境界。

若以《論語・為政篇》孔子自述其為學歷程來看，「十有五而志於學」為「履以和行」，「三十而立」為「恒以一德」，「四十而不惑」為「損以遠害」，「五十而知天命」為「困以寡怨」，「六十而耳順」為「井以辨義」，「七十而從心所欲不踰矩」則為「巽以行權」。

《帛書易傳・易贊》中的三陳九卦，最終不是巽卦，而是渙卦。「渙，德之制、渙，稱而隱、渙以行權」，很難解通，至少不如巽卦貼切。以卦序論，巽、兌之後為渙，風行水上、利涉大川，也有極佳的教化意涵。而九卦中，僅巽為基本八卦，若改為渙，則皆無純卦，似乎也更齊整。但無論如何，仍以今本〈易傳〉之義理優勝，版本考據的問題，還是以俟來日。

三陳九卦，分三次切入陳述，似乎隱含天地人三才的概念。「德之基、德之本、德之地」，明確標示出現成可用的資源，屬地之道。「和而至、窮而通、稱而隱」，顯然涉及人道的運用。「以自知、以辨義、以行權」，參悟天命的終極意義，屬天道。九卦的次序以三卦一組，三組卦群也有地、人、天的發展脈絡。「履」依地而行，謙、復之外卦，皆為地勢坤，三卦皆言禮，討論人際互動。恒為「一日心」、損「懲忿窒慾」不離心、益卦「有孚惠心」，三卦皆重心，落實人道修行。困、井「致命遂志」，上探天人之際，而巽卦則「申命行事」，天人合一，成就終極關懷。易卦六爻，兼三才而兩之，初、二爻屬地位，三、四爻居人位，五、上爻及天位，由下而上、終而復始的奮鬥歷程，似乎給了憂患九卦排序上甚佳的靈感。

第八章　唯變所適

《易》之為書也，不可遠，為道也屢遷。變動不居，周流六虛，上下無常，剛柔相易，不可為典要，唯變所適。其出入以度，外內使知懼，又明於憂患與故。無有師保，如臨父母。初率其辭而揆其方，既有典常。苟非其人，道不虛行。

諸行無常

本章起，連續三章談「《易》之為書」，從不同的角度切入，評贊《易經》的特色。「不可遠」，表示其切合人生日用，充滿了實踐的智慧。「道在邇而求諸遠，事在易而求諸難。」人的劣根性往往愛好神秘，故弄玄虛。易學史上許多荒唐言，經不起理性的檢驗，就是如此。《易經》以簡易立教，「易簡而天下之理得」，昭昭大義，何涉虛妄？

「為道也屢遷」，此處的道，即「可與適道」之道，尚非「率性之謂道」的道，有「人之為道」的意味。《中庸》上說：「道不遠人；人之為道而遠人，不可以為道。」意識形態、主觀看法，就是「人之為道」，所以不宜固守，還得因時、因事制宜而調整。上章論憂患九卦，以善變的

「巽」為終極境界，「巽德之制」、「巽以行權」，充分說明此理。

「遷」字依《說文解字》為「登」，有向上升進之意。孟子稱：「出於幽谷，遷於喬木。」益卦（䷩）〈大象傳〉稱「見善則遷，有過則改」；井卦（䷯）居其所而遷，下接「元亨利貞」四德俱全的革卦（䷰）。「屢遷」不是壞事，人有主動尋求更佳環境的自由，孟母三遷即為顯例。

「變動不居」，「尸」古為居，即法古、以古為主之意。《易經》尚變，不主故常。「周流六虛，上下無常，剛柔相易」，以易卦六爻模型的變化法則，模擬天道人事的興革變遷。「六虛」即六爻，言「虛」表示暫住，任誰也無法據以為實，時勢一變，都得離開。「周流」的「周」字，更有全面涵攝、循環往復之意，天道好還，風水輪流轉。泰卦（䷊）九三爻辭說得好：「無平不陂，無往不復。」泰極否來，地天通泰變成天地否塞，亦轉瞬間事，真正是上下無常。泰卦六爻全變為否卦（䷋），恰好也是剛柔相易。

爻變的概念，即剛柔相易，最極端的便是錯卦的現象。易象所有的變化，皆可納入四千零九十六種爻變類型來說明。上下無常，除泰極否來之外，剝極而復、晉轉明夷、夬決遇姤、冥升變困、豐窮轉旅、既濟未濟等，皆為顯例。革卦更是典型的上下易位。乾卦九四「或躍在淵」，〈文言傳〉亦稱其上下無常，而以「非為邪也」慰勉之。

既然世事變化如此難料，我們切不可拘礙執著，應永遠盯緊變化，做最恰當的調整。「不可為典要，唯變所適。」大破大立，頗有粉碎一切既定章法結構，隨時俱進，剎剎生新的透悟和膽識。作為一部垂教萬世的經典，居然自我解構，勸人不可為典，這是何等超絕的智慧，何等開闊的心胸。

「典要」的「要」，本義是人身的腰部，引申為居中約束之意。要領、要終、要歸、要求，人生在世，總是希望掌握一些簡要的法則，以對未來有所控制，卻往往事與願違。「不可為典要」，徹底去除妄想，唯變所適，才是唯一真正可行的創造之路。

恐懼修省

然而，這種大破大立的真諦，適合上等根器人領受，一般人生行事，還得謹守節度，步步為營。「出入以度」的「度」，就是分寸、分際，拿捏得恰到好處，可絕不容易。毫釐之差，可能謬以千里。節卦（䷻）〈彖傳〉稱「節以制度」，〈大象傳〉以「澤上有水」之象，提示人「制數度，議德行」，於「度」的學問大有講究。水位過高，有氾濫之虞，過低有枯涸之患。最好設立標尺，精密度量，以便適時調節。換言之，數度既立，還得視情況決定人的作為。「議德行」的「議」字，顯示人運用時必有的彈性空間，所謂的節，仍是活節。

節卦初九「不出戶庭，无咎」；九二「不出門庭」，變「凶」。一爻之差，吉凶迥異。六三「不節」則「嗟」，六四「安節」獲「亨」，守節為人位本分。九五「甘節」有「尚」，上六「苦節貞凶」，過度節制，反致凶險。人生立節，為的是求甘，而非自苦。率性自然之謂道，矯情苦節不可貞。

「外內使知懼」，「外內」對應出入，人生行止，總不脫離這些範疇。知懼和懼不同，多了清明的理性思維，知懼什麼呢？

震卦（䷲）〈大象傳〉云：「君子以恐懼修省。」〈彖傳〉稱：「驚遠而懼邇。」上六〈小象傳〉且云：「畏鄰戒。」充滿了戒慎警懼之辭。震為積極行動、承擔大任之外，如此小心翼翼，所為何來？

〈說卦傳〉稱：「帝出乎震……萬物出乎震。」震卦〈彖傳〉且稱：「出可以守宗廟社稷，以為祭主。」出入以度，震卦的特點就在「出」。出外主持政事，能不能經得起連續的震撼考驗，始終維持主導權？修齊治平，須以誠意正心為本，行大事會否被權勢薰染，而淪喪了內心的主宰？《中庸》開篇提戒慎恐懼，導出「故君子慎其獨也」的結論。知懼連通內外，深度內省，操持外事均與之有關。故《大學》提「慎獨」，強調「誠於中，形於外」。

震卦言出，巽卦（䷸）言入，沉潛深入才能體悟天命之所在，低調行事，不致遭受迫害。出震入巽，皆得知懼。出入以度，一切又得適可而止，恰到好處，過火了仍會出毛病。巽卦九五貞吉，長期經營部署，終於入主江山，得了便宜切勿賣乖，否則成為上九「喪其資斧，貞凶」，能入不能出矣！震卦六五「无喪有事」，確保政權，必須謙遜收斂，否則變為上六岌岌可危的征凶之局，能出又不能入矣！

前章言巽卦為憂患九卦之終，可謂飽歷憂患。一再深入沉潛，對天命人事皆有周悉的察識，不但了解憂患的表象，也清楚憂患發生的原因。「明於憂患與故」，知幽明之故，明於天之道而察於民之故。知其然，復知其所以然，才能吉凶與民同患，進而團結眾力，與民除患。

以最痛苦的明夷卦（䷣）為例，全卦充滿了憂患。「鳥飛折翼」，「三日不食」，「夷于左股」，「夷于南狩」，那麼憂患之故為何？顯然是不明晦的上六。「初登于天，後入于地」，多少也指出由晉而明夷，從日出到日落的因果關聯。〈小象傳〉云：「失則也。」「則」為天則，率性之謂道。違逆自然去強勢操作，造成全局黑暗，六四所謂的「明夷之心」，正指此爻。禍源既知，如何除患呢？九三在下揭竿起義，當然是主力。而六四「入于左腹，獲明夷之心」，再「于出門庭」，和九三裡應外合，亦厥功甚偉。六四這一入一出，就是「出入以度」；和九三的呼應配合，就是「外內使知懼」。九三負除患重任，必須尋求最佳戰機才出手。六四打入臥底，更得戒慎恐懼，以免破局。六二依附九三，〈小象傳〉稱：「順以則也。」順天則行事，以克制上六的失則，明夷才有重見光明的可能。九三得道多助，爻變成復卦，「明夷之心」成了「天地之心」。

存乎其人

「無有師保」，《易》教強調各正性命，自昭明德，師父領過門，修行在個人，人人以自性為師，才是終極的解脫之道。「如臨父母」，就是如臨自性，父精母血是我們生命的來源，敬慎其性，要像敬事父母一樣。乾坤為父母卦，萬物資始資生；復卦為小父母卦，人心人性發軔。為天地立心，為生民立命，為萬世開太平，本為《易》教宗旨。

「初率其辭而揆其方」，「率」即《中庸》「率性之謂道」的「率」，為因順遵循之義。

「辭」即卦爻辭，尤指爻辭，為性情的表徵。〈文言傳〉論乾卦九三有云：「修辭立其誠，所以居業也。」誠者，天之道，誠之者，人之道，立其誠即立己誠，修辭即為立性。〈繫辭下傳〉首章且稱：「聖人之情見乎辭。」易辭順性達情，針對人生種種不同的處境，做出最深透的分析和建議。習易者由辭知其性情，即可推度設想出應變的方法。「揆其方」的「其」字，仍是自己之意，所謂自性生萬法，君子務本，本立而道生。易辭並不提供一成不變的公式，而是刺激誘導人建立自我，有了獨門絕活，處理事情就有既定的章法。「率其辭而揆其方」，屬習易揣摩的階段。「既有典常」，表示自我樹立，習易有成，故稱「既濟」之「既」。由於「典常」已有個人量才適性的考量，所以不是那塊料，還不能真正實踐真理。

「苟非其人，道不虛行」，本章所下的結論精闢至極，完全突破了一般因循宿命、人云亦云的業障，積極肯定獨立人格自由發展的創造性。「人能弘道，非道弘人」，類似的思維在〈易傳〉中處處可見。〈繫辭上傳〉末章即稱：「神而明之，存乎其人。」張載所謂：「易為君子謀，不為小人謀。」易占教人「有是德，方應是占。」確非虛言。

本章論述，從頭到尾一氣呵成，「不可為典要」一句，尤為關鍵。「無有師保」，「道不虛行」，皆由其衍發而出，可稱是易教之魂。《中庸》和《易經》相表裡，《中庸》首章開宗明義，與本章論旨完全切合：「天命之謂性，率性之謂道，修道之謂教。道也者，不可須臾離也，可離非道也。是故君子戒慎乎其所不睹，恐懼乎其所不聞。莫見乎隱，莫顯乎微，故君子慎其獨也。」既然道不可須臾離，《易》為弘道之書，故稱「不可遠」。

第九章　同功而異位

《易》之為書也，原始要終，以為質也，六爻相雜，唯其時物也。其初難知，其上易知，本末也；初辭擬之，卒成之終。若夫雜物撰德，辨是與非，則非其中爻不備。噫，亦要存亡吉凶，則居可知矣！知者觀其彖辭，則思過半矣！二與四，同功而異位，其善不同。二多譽，四多懼，近也；柔之為道，不利遠者，其要无咎，其用柔中也。三與五，同功而異位，三多凶，五多功，貴賤之等也。其柔危，其剛勝邪？

原始要終

本章談《易》之為書，專論六爻結構，尤其是提出了所謂中爻的問題。卦中二、三、四、五爻依序重組，形成所謂的互卦，自古爭議即多。好好研究本章，應可有正本清源之效。

「原始要終，以為質也」，追溯事情的開始，並據此推斷其結果，是《易經》這門學問的本質。「六爻相雜」，爻性有陰有陽，間雜出現；「唯其時物」，最重要的是把握其隨時變動的關係。「要終」的「要」，和上章「典要」的「要」同義，有居中約束、要求控制之意。〈繫辭上傳〉第四章稱「原始反終」或「原始及終」。「時物」的「物」，指爻而言。〈繫辭下傳〉第六章稱乾為陽物，坤為陰物。第十章則稱「爻有等，故曰物，物相雜，故曰文。」唯其時物，唯變所適，唯精唯一，「唯」有特殊義。萬事萬物皆隨時流轉，剎剎生新，不守其故。

「其初難知」，初爻方有端倪，不易辨識清楚。乾卦的「潛龍勿用」、坤卦的「履霜」，就是最好的例子。「其上易知」，上爻物勢已極，天下皆可共見，「亢龍有悔」和「玄黃血戰」，多半不能避免。爻稱「初」不稱「下」、稱「上」不稱「終」，於時位上皆有取捨考慮。初爻為本，為樹木的根柢；上爻為末，為樹木的枝梢，又寓有本末終始之義。大過卦（䷛）初、上兩爻為陰，中四爻為陽，〈彖傳〉即稱：「本末弱也。」

「初辭擬之」，由於其初難知，所以任一卦初爻的爻辭，皆有擬議的成分，希望能精確摹擬其情境。「卒成之終」，初爻一定，往後順理成章，即可一直發展到上爻。整個看來，《易經》特別重視初爻的基礎意涵，以及見微知著的思維訓練。

以泰、否兩卦為例，初爻爻辭皆云：「拔茅茹，以其彙。」擬議完全雷同，往後究竟是泰是否，非常不易判斷，「其初難知」。若智者知機，看出了未來發展的趨勢，便能有正確的準備：泰卦「征吉」，否卦「貞吉亨」，即可趨吉避凶而得利。泰否消長有其周期性的循環，泰極否來，上六「城復于隍」不難預知。否極亦轉至「同人于野」的新境界，上九「傾否，先否後喜」，亦意料中事。此即「其上易知，卒成之終」。

雜物撰德

初、上兩爻位談過後，往下論及中爻。「雜物撰德」，根據陰陽爻間雜出現的狀況，以撰述其可能的際遇和表現。「辨是與非」，徹底辨別人事的是非對錯；「則非其中爻不備」，那麼非研究其二、三、四、五爻的歷程變化，否則必不完備。〈繫辭下傳〉第六章有云：「陰陽合德，而剛柔有體，以體天地之撰，以通神明之德。其稱名也，雜而不越，於稽其類。」第二章亦稱：「於是始作八卦，以通神明之德，以類萬物之情。」這兩段說的，就是「雜物撰德」。

中間四爻，三、四為承上啟下的人位，二、五分居內外卦的中心，五爻且為全卦最高領導的君位。這四爻的關係分析清楚，最後的是非成敗，存亡吉凶，便是足不出戶，閉門家居都能預知。「噫」表示對中爻之妙的讚嘆，「亦要存亡吉凶」的「要」字，仍是居中約束，以期許最後結果之意。

中四爻再加上初、上兩爻，所形成的複雜奧妙的全卦結構，其特性會反映在總括論述的卦辭中。智者深入研究卦辭，對該卦的吉凶禍福，就可有大致的掌握。「彖辭」非指〈彖傳〉，〈繫辭傳〉中所稱之「彖」皆指卦，「彖辭」即卦辭。「思過半」是很有意思的說法，以要求精確度較高的問題來看，例如人生成敗攸關的重大危機，其實是遠遠不足的。換言之，若欲「原始要終」，除卦辭外，還得詳細研究爻辭，全面掌握其變化的趨勢，才可立於不敗之地。

卦中以五爻為君位，居高臨下，掌控最多的資源，一般皆為卦主，影響全局至鉅。其他各爻，或多或少都得考量跟它的關係，以定行止。二爻與五爻相應，四爻上承五爻，在全卦中配合行事最密切，故稱「二與四同功而異位」。「同功」是同佐「五」之功，「異位」指「一在野、一在朝」，有分工合作的意味。「其善不同」說得好，人生任事總期有所貢獻。范仲淹的〈岳陽樓記〉有云：「居廟堂之高，則憂其民；處江湖之遠，則憂其君。」乾卦九四〈文言傳〉亦稱：「上下無常，非為邪也；進退无恒，非離群也。」

「二多譽」，居下卦之中，頗孚民望，和五爻距離又遠，不易針鋒相對起衝突，亦深得五爻倚重讚揚。「四多懼」，伴君如伴虎，一句「近也」，道盡千古重臣心事。四距五太近，與聞機密，也可能包括人君許多不足為外人道的私行。一旦五爻出狀況，四爻又最可能取而代之。這種高度敏感的共事關係，實在險不可測。

「柔之為道」，「柔」指的是爻位。二與四皆為陰柔之位，本身不宜主事，最好貼近主事的君位，取得奉令執行的權柄。若離權力核心太遠，則可能被邊緣化，故云「不利遠者」。前面說四爻近，顯然遠者是指二爻，既然不利，何以又稱「二多譽」呢？道理也很簡單：吃不到羊肉，也不沾腥羶。二爻正是因為離五爻夠遠，威脅不到五爻，距離造成美感，也提供了安全。「其要无咎」的「要」，仍是居中約束，以保善終。「其用柔中」，二居下卦之中，做事合乎中道，善處人際關係。

以蠱卦（䷑）為例：六五為幹蠱之君，爻辭稱「用譽」，顯然是起用多譽的九二，利用其清望，以推行改革。九二下乘初六，擁有廣大民意支持；上應六五，又蒙國君重用，卻仍不能放手施為，爻辭云「不可貞」，其故安在？原來，六五本身就是徹底改革的最大障礙，九二爻辭所稱「幹母之蠱」，「母」即指六五。改革畢竟不同於革命，九二再有熱情和魄力，也動不了根源體制，只好妥協放過。〈小象傳〉云：「得中道也。」正應了本章講的：「其要无咎，其用柔中。」反觀六四，近承六五，深識箇中利害，不但不認真改革，反而假改革之名，行豐裕個人利益之實。爻辭云：「裕父之蠱，往見吝。」「吝」為「文」「口」，逢君之惡，文過飾非，以期保住權位。六四爻變為鼎卦（䷱），可見其據位分肥的用心，六四的作法，豈非「四多懼」？

再以履卦（䷉）為證：九五「夬履貞厲」，為乾綱獨斷之君。九四「履虎尾」，真正伴君如伴虎，小心戒慎，「愬愬終吉」。九二「履道坦坦，幽人貞吉」，完全遠離風暴圈。九二爻變為无妄卦（䷘），又是「其要无咎，其用柔中」。

柔危剛勝

「三與五同功而異位」，三、五皆處陽剛之位，可積極主導行事，但結果往往不同。三爻多半遭凶，五爻則多建功，這又是什麼緣故？道理更簡單了：五爻君位為貴，三爻臣位為賤，等級有差，莫可奈何。三爻居下卦之巔，仍得受全卦之君五爻的督責節制，稍一踰越失職，必遭嚴懲。由此看來，君位對全局的影響深重，其他各爻，無論居陽居陰，為主為從，必須重視和君位的協調關係。

「其柔危，其剛勝邪？」最末二句以疑問語氣表述，究竟何所指？過去的解釋多半延續三、五之論，三雖多凶，五雖多功，二爻皆居主事的陽位，仍以當位稱職為佳。換言之，九三、九五表現稍勝，六三、六五則有難以負荷的可能。由於各卦情勢有異，並非絕對如此，所以也只提個大概的看法。這樣講，當然不會不通，但九三強於六三多半沒問題，九五強於六五就見仁見智了。事實上，幾個重視高層管理的卦，如臨、鼎、大有、晉、升等，君位皆為六五，而非九五。臨卦六五且稱：「知臨，大君之宜，吉。」六五虛中尚賢，易激發全員的創意和參與感，不似九五剛愎自用，容易走上獨裁之路，可能才是更妥適的領導統御之術。

再者，此處的剛柔若指爻性，前面論「柔之為道」、「其用柔中」時，又指的是爻位，似乎也轉得太快，至少嫌交代不清。有沒有可能，「其柔危、其剛勝」這兩句，是全章有關中爻的結論，涵蓋二、三、四、五爻呢？亦即剛柔仍指爻位，而非爻性？二與四居柔位，須依人成事，或近而多懼，或遠而無咎，都是因為「其柔危」。三與五居剛位，可直接主導局部或全部事宜，不論遭凶或建功，總是「其剛勝」。

三多凶、五多功的實例頗多。再以履卦為例：六三為全卦唯一陰爻，卻居於須積極主事的剛位上，不但不能發揮以柔履剛的特色，反而躁動惹事，遭虎噬之災。〈小象傳〉稱「志剛也」，所釋頗切，「志剛」卻缺乏剛的實力。「武人為于大君」，只是局部專業的技巧，不具備君位盱衡全局的器識，一味蠻幹，當然致凶。九五就不同，當位中正，志剛力也剛，雖然不和柔，令眾人敬畏也能成事。六三、九四皆稱履虎尾，九五本身即猛虎，用不著擺笑臉去伺候別人。這就是貴賤之等的實力原則，或乾脆稱叢林法則，六三強爭也沒用。

同功而異位，除了強調其位異之外，也注重其功之共同。人人在其位分、性分上努力，雖然稟賦及後天際遇有異，都有修成正果的可能。《中庸》即稱：「或生而知之，或學而知之，或困而知之，及其知之一也；或安而行之，或利而行之，或勉強而行之，及其成功一也。」社會團體中，人人盡其本分，充分協調合作，也可能扭轉逆勢，共成大功。利如蹇卦（䷦），內憂外患，艱險難進，三、五兩爻陽剛當位，即有分頭整合之功。九三「往蹇來反」，回頭整合內部派系矛盾；爻變成比卦（䷇），謀求合作的態勢明確。九五「大蹇朋來」，力拒外患；爻變成謙卦（䷎），虛懷若谷，包容異類。蹇卦〈彖傳〉稱：「往有功也。」正是三、五同功異位之效。

再如渙卦（䷺），全局渙散，離心離德，二、四兩爻協助九五，力挽狂瀾，亦屬佳例。渙卦〈彖傳〉稱：「剛來而不窮，柔得位乎外而上同。」即分指九二、六四。至於「王假有廟，王乃在中」，則為九五。三爻各盡己責，三爻齊變為晉卦（䷢），又成旭日東升之局。〈彖傳〉遂下結論：「利涉大川，乘木功也。」

佐君治民

「二與四同功而異位」，傳統皆以佐五而言，其實也可以換個觀點，二者都在爭取初爻基礎民意的支持。二與初為承乘，四與初為應與關係，中央與地方的施政績效，都得落實到初爻上來檢驗。如此，二者所同之功，可一言以蔽之：佐君治民而已。

以上述渙卦為例：當民心渙散之際，九二「渙奔其机」，極力奔走以安定基層。六四「渙其群」，拋棄部門本位主義，以國家整體利益為依歸。「渙有丘」，「丘」即丘民，有丘即擁有民眾支持，經營重點仍然落在初六。

再如鼎卦（䷱）六五、九二相應與，九二「鼎有實」，六五〈小象傳〉稱「中以為實」，很明顯五應重用二，以推動新政建設。但六五、九四又有陰乘陽的不正關係，可能錯用無能的近臣，而疏遠了九二。因此，九二爻辭才稱：「我仇有疾，不我能即。」怨偶曰「仇」，指六五；朝政為九四把持，稱「有疾」。雖一時不得發揮，投閒置散，九二下乘初六，擁有雄厚的民意基礎，也不必急著有什麼突兀的政治動作。等九四破綻百出，不能勝任了，六五自會來找九二善後。九二爻辭最後稱吉，九四為凶，長期競爭有了結果。九四「鼎折足」，鼎足正為初六，政績太差，失去了基層民意的支持。

多譽、多懼、多功、多凶，既稱多，就不是全部如此。例如觀卦（䷓）六二「闚觀」，〈小象傳〉稱「亦可醜也」，即「不譽」。豫卦（䷏）九四「由豫大有得」，不懼。屯卦（䷂）九五〈小象傳〉稱「屯其膏，施未光」，無功。謙卦九三〈小象傳〉稱「勞謙君子，萬民服」，不凶。

最後，我們來審視所謂互卦的問題。其實《易經》經傳本身從未言及，本章所論中爻，亦只涉及爻位及爻際關係之比較，並無上互、下互組合方式之陳述。「雜物撰德」一語，有人認為就是指互體、互卦的操作組成，似乎亦乏充分論據。還有人認為，傳文既稱「六爻相雜」，便沒有理由將初、上兩爻排除在外。由此互卦的變化更趨複雜，一卦中可重組成五個互卦。民國初年周善培據此寫成《周易雜卦證解》一書，引例迴環互證，頗有義理。然而，所有這些衍伸的論述，並不能直接由本章推導而出。

那麼，互卦、互體的理論，是何時發展出來的呢？孔子之前有沒有？漢代易學中，爻辰、納甲、世應、飛伏、升降多種說法，均有繁瑣絞繞、難以自圓其說的通病。互卦的衍義則精深奧妙得多，卦中蘊卦的觀點，也合乎宇宙人生的實際，值得深入鑽研，並發揚光大。「互」字造形極美，上一橫代表天，下一橫為地，中間所呈現的，正是上下重疊交流之象，和互卦依三、四、五，及二、三、四爻的組合方式酷似。一卦六爻的模型，上下卦間並非截然不可流通，人在大組織中再設組織，具有多重角色定位，也是情理中事。

依本章詮解，中爻應指中間四爻，有人說為居上、下卦之中的二、五爻，或居全卦之中的三、四爻，都有些說過頭了。

第十章　大塊文章

《易》之為書也，廣大悉備。有天道焉，有人道焉，有地道焉，兼三才而兩之，故六。六者非它也，三才之道也。道有變動，故曰爻；爻有等，故曰物；物相雜，故曰文；文不當，故吉凶生焉。

本章三談《易》之為書，以天地人三才之道論之，對易卦的六爻模型做了簡要的闡述。〈說卦傳〉次章全文：「昔者聖人之作《易》也，將以順性命之理。是以立天之道，曰陰與陽；立地之道，曰柔與剛；立人之道，曰仁與義。兼三才而兩之，故《易》六畫而成卦，分陰分陽，迭用柔剛，故《易》六位而成章。」與本章近乎同調。〈繫辭上傳〉次章亦稱：「六爻之動，三極之道也。」皆可並參。

「廣大悉備」的「悉」字，從「心」從「釆」，《說文解字》解為「詳盡」。「釆」字古文又有似窗明爽之意，《說文解字》解為「辨別」，象「獸指爪分別」。如此，則「悉」為心思明辨、鉅細靡遺之義。坎卦（䷜）卦辭稱：「有孚，維心亨，行有尚。」身處重險之境，卻能心亨，和六四爻辭中「納約自牖」有關。「牖」通內外，為採光之處，心窗明淨，一絲不亂，故能終獲無咎。

「廣大」配天地，「悉備」則涉及人心靈的妙用，反身而誠，萬物皆備於我，故稱有天道、人道、地道。天地人又各分陰陽，易卦遂以六畫而成。初、二為地位，三、四居人位，五、上屬天位。〈繫辭上傳〉第六章有云：「夫易廣矣大矣，以言乎遠則不禦，以言乎邇則靜而正，以言乎天地之間則備矣！」「靜而正」即人心之用，可知悉天地之間萬事萬物，與本章所論全同。

「三才之道」非一成不變，而是周流六虛，隨時變遷，這就是反映變動的爻的概念。〈繫辭下傳〉第三章稱：「爻也者，效天下之動者也。」爻的南方口音即念「效」，效天法地，見賢思齊，將三才的變化綜攝考慮。乾卦〈彖傳〉明示：「乾道變化，各正性命。」爻辭爻象除了摹擬自然外，還加上人的思維判斷，提出創造性的應變方案，由於所處時位不同，表現也有上下等級的差異。爻性分陰陽，在六爻等序中交雜出現，和爻位配合起來，益增其複雜性，這種狀態稱為「文」。剛柔交錯曰文，經緯天地曰文。這錯綜複雜的情境若處理不當，就會產生吉凶禍福、盛衰成敗的結果。

〈繫辭上傳〉首章有云：「卑高以陳，貴賤位矣。」〈繫辭下傳〉第九章又稱：「三多凶，五多功，貴賤之等也。」爻有等的觀念，合乎人事組織的科層結構，以及自然演化的推陳出新。不同等級的物事會進一步發展出各自的特色，則稱為「品」，差異化的程度更大。乾卦〈彖傳〉稱「品物流形」，坤卦〈彖傳〉稱「品物咸亨」，姤卦（䷫）〈彖傳〉稱「品物咸章」。天地之大，品類之眾，可謂漪歟盛哉！巽卦（䷸）六四云：「田獲三品。」深入開發其中富藏，可使物物各盡其用，故而〈小象傳〉稱：「有功也。」

「等物」的概念，亦見於春秋筆法。《春秋繁露．精華第五》有云：「春秋慎辭，謹於名倫等物者也……是故大小不逾等，貴賤如其倫，義之正也。」〈盟會要第十〉亦稱：「名倫等物，不失其理。」

孟子全書好幾處品論先賢，以孔子和伯夷、伊尹相比較，推崇孔聖出類拔萃，超逸絕倫，即等物觀點的運用。〈公孫丑上篇〉有云：「由百世之後，等百世之王，莫之能違也。」

「爻有等」，是位序品級不同，「物相雜」，則根本體性有異。自然環境及人事組織有陰有陽，剛柔雜處，就是「物相雜」，噬嗑（䷔）、賁（䷕）二卦充分顯示其理。兩卦皆三陰三陽，剛柔交錯排列，噬嗑〈彖傳〉稱：「剛柔分，動而明，雷電合而章。」為免弱肉強食及人際的酷烈鬥爭，必須制定規範，明罰飭法以約束之。賁卦〈彖傳〉稱：「柔來而文剛，故亨；分剛上而文柔，故小利有攸往……觀乎天文，以察時變；觀乎人文，以化成天下。」在法治的基礎上，進而講習人文教化，使剛柔互濟，陰陽和合，建立有典章制度的文明社會。

噬嗑卦〈彖傳〉稱：「頤中有物。」卦象可視為頤卦（䷚）中多出了九四一爻，如鯁在喉，格格不入。依此類推，賁卦卦象亦可視為頤卦中多出了九三一爻，才顯現多采多姿的情貌。頤卦自養養人，乃至供養一切眾生，必須解決飲食男女的生命需求。〈雜卦傳〉稱：「噬嗑，食也；賁，無色也。」噬嗑、賁一體相綜，著眼點正是食色問題。噬嗑卦九四陽居陰位，謀食不正，引發物類相殘，勢須整頓。賁卦九三陽居陽位，在世不染，昭顯文教之功。「賁」尚「文」，「噬嗑」成「章」，宇宙人生可真是篇複雜難解的大文章，一切吉凶禍福，就看你有無正確解讀及圓融處理的智慧。

第十一章　度一切苦厄

《易》之興也，其當殷之末世、周之盛德邪？當文王與紂之事邪？是故其辭危。危者使平，易者使傾，其道甚大，百物不廢。懼以終始，其要无咎，此之謂《易》之道也。

本章以「《易》之興也」起問，猜測易道大行和武王伐紂的革命事蹟有關，與〈繫辭下傳〉第七章論憂患九卦相似。「《易》之興」和「《易》之作」不同，創世之意和衰世之意也不可等量齊觀。文王羑里之囚，確能予人啟發，卻不必過分強調，反而窄化了「開物成務」的思考。文辭中稱「殷之末世」，尚屬實情，「周之盛德」卻有逢迎之嫌，周代殷而立，仍是家天下的格局，有何盛德可言？

「其辭危」一句，再度觸動《易經》中凜烈的憂患意識。「危者使平」，懂得身處險境，戒慎以對，便可平安度過。「易者使傾」，粗疏狂妄，掉以輕心，多半傾覆敗亡。泰卦九三逢高思危，「无平不陂，无往不復」，懂得艱貞，便能無咎。若不此之圖，必蹈上六「城復于隍」之厄。大壯卦六五「喪羊于易」，旅卦上九「喪牛于易」，人世艱難若斯，不可慢易處之。

「其道甚大，百物不廢」，這兩句結語值得推敲：「危者使平」是救苦救難，「易者使傾」，卻明顯放棄了救援，怎麼還可以說「百物不廢」呢？老子自稱道大，其書二十七章有云：「聖人常善救人，故無棄人；常善救物，故無棄物。」四十九章亦稱：「善者吾善之，不善者吾亦善之，德善。」相較起來，似乎更有包容性。

我想〈繫辭傳〉此處所強調的，是「天作孽，猶可違；自作孽，不可活。」易道反映自然，每卦每爻皆如實分析情勢，提出預測和建議，但結果究竟如何，還得看當事者怎麼做。若虛心領會其警示，採取相應措施，就可轉危為安；若傲慢一意孤行，誰也愛莫能助。需卦九三、解卦六三皆稱「致寇至」，「自我致寇」、「自我致戎」，怨得誰來？旅卦上九「鳥焚其巢」、九三「旅焚其次」，〈小象傳〉稱「其義喪」、「其義焚」。行而宜之之謂義，旅卦尚柔，上九、九三卻逞剛強，違反了旅之時義，當然厲、凶。

《鬼谷子・抵巇第四》有云：「巇始有朕，可抵而塞，可抵而卻，可抵而息，可抵而匿，可抵而得。」事情有所缺漏，必先出現縫隙，早發現儘快堵塞處理，可免崩潰。若實在不可挽救，乾脆趁勢剷除，另做新的布置。大《易》有剝極而復之理，剝卦上九岌岌可危，君子仍可「得輿」，小人卻遭「剝廬」。姤卦（䷫）一陰滋生，看似毀滅危機，而天地相遇，又成「品物咸章」，除舊佈新，更見天意深微。

生生滅滅，滅滅生生，危使平，易使傾，完全合乎自然之理。〈繫辭上傳〉第四章，稱易道「範圍天地之化而不過，曲成萬物而不遺。」正是本章所稱「其道甚大，百物不廢」。

終而復始之義既明，本章遂下了精切的結論：「懼以終始，其要无咎」。戒慎恐懼，內以修省，外以行事，居中約束，以期无咎。「要」字特有深意，〈繫辭下傳〉數章中連續出現，「不可為典要」、「原始要終」、「亦要存亡吉凶」、「其要无咎」等等。

「懼以終始」，為震（☳）、艮（☶）相綜一體之象。震卦〈大象傳〉稱「恐懼修省」，〈彖傳〉云「驚遠而懼邇」。〈說卦傳〉則稱艮卦為「萬物之所成終而所成始」，又云「終萬物始萬物者，莫盛乎艮。」震（☳）為後天八卦方位東方之卦，起動生命的循環；艮（☶）為東北之卦，恰為繞一圈的終點。艮後又接震，成終而復始之義，能否節止私欲，妥善安排志業的永續，為盛德大業之所繫。震為行，艮為止，人生行止確當懼以終始。艮卦忘己忘物，內外兼修，卦辭最後期於「无咎」，故又稱「其要无咎」。

第十二章　險阻人生

夫乾，天下之至健也，德行恒易以知險；夫坤，天下之至順也，德行恒簡以知阻。能說諸心，能研諸侯之慮，定天下之吉凶，成天下之亹亹者。是故變化云為，吉事有祥。象事知器，占事知來。天地設位，聖人成能。人謀鬼謀，百姓與能。八卦以象告，爻彖以情言。剛柔雜居，而吉凶可見矣！變動以利言，吉凶以情遷。是故愛惡相攻而吉凶生，遠近相取而悔吝生，情偽相感而利害生。凡易之情，近而不相得則凶，或害之，悔且吝。將叛者其辭慚，中心疑者其辭枝。吉人之辭寡，躁人之辭多，誣善之人其辭游，失其守者其辭屈。

悅心研候

本章為今本〈繫辭傳〉末章，又提乾坤易簡之知能，與〈繫辭傳〉首章終始相應。且其重點擺在知險阻，通人情，仍延續前數章憂患意識的觀點。結尾一段似屬錯簡，但義理連貫上亦非絕不可通。

大《易》以變易、不易、簡易立教，〈繫辭傳〉開宗明義即稱：「乾以易知，坤以簡能。」並依次推出「易簡而天下之理得，而成位乎其中」的結論。既然易簡可得知天下之理，當然可知險、知阻。乾健坤順，〈說卦傳〉有明確定義，此處加一「至」字，亦合乎〈繫辭上傳〉第五、六、七章的說辭：「盛德大業至矣哉」、「易簡之善配至德」、「易其至矣乎」。以德行稱乾坤，並加一「恒」字，也是「大人與天地合其德」之義。咸、恒為下經之首，乾、坤為上經之首，乾坤兩卦涵攝咸恒之義，可謂理所應有。此章稱「恒」，乾坤〈彖傳〉中則有「咸」：乾為「萬國咸寧」，坤為「品物咸亨」。反之，咸、恒二卦亦必蘊涵乾坤之義，〈彖傳〉中稱咸為「天地感而萬物化生」，稱「恒」為「天地之道，恒久而不已也。」

八卦中，以坎喻險，以艮喻阻，組合成六十四卦，理論上至少就有四分之一的情境，充滿了危險和阻礙。若再考慮互卦及爻變的情形，人生不如意事，真是十之八九。

蒙卦（䷃）內險外阻，啟蒙不易，須「果行育德」，從摸索實踐中以蘊養真知。蹇卦（䷦）內阻外險，寸步難行，須「反身修德」，以號召團結的大智慧謀求出路。坎卦（䷜）險關不斷，九五居外險之中，又當三、四、五爻所組成的艮卦（☶）之巔，有水中山、險中阻之象。形勢複雜艱難，須調節資源，以謀不同勢力間的動態平衡，爻辭所稱「坎不盈，抵既平，无咎」，為行險有功的大氣度。艮卦（䷳）重重障礙，九三為內艮之巔，又居二、三、四爻所組成坎卦（☵）之中，有山中水、阻中險之象，須下整頓身心的苦工夫，才能突破瓶頸。以四爻組合成的互卦理論來看，坎九五、艮九三，皆相當於蹇卦九三、九五爻的位置，同功而異位，得內消障礙、外克艱險，壓力之大，可以想見。

險阻因何而生？艮卦以止欲為義，已明白昭示：嗜欲太深為人生一切業障的根源。坎卦以習坎為旨，為坤卦習氣勢力的發用，易致迷惑沉淪。欲化解險阻，必須回復乾卦自然易簡的本性，嗜欲淺則天機深，故稱「恒易以知險」，「恒簡以知阻」。

需卦（䷄）健行遇險，〈彖傳〉稱：「剛健而不陷，其義不困窮矣！」初九爻辭云：「利用恒，无咎。」〈小象傳〉解釋：「未失常也。」可謂「至健」、「恆易以知險」的範例。剝卦（䷖）上艮下坤，〈彖傳〉稱：「順而止之，觀象也。」六五爻辭云：「貫魚，以宮人寵，无不利。」〈小象傳〉解釋：「終无尤也。」也是「至順」、「恒簡以知阻」的典型。

易簡之德，知能具備，知險知阻後，接著談「能」。「能說諸心」，「說」即「悅」，對事理領會透徹，《孟子・告子上篇》有云：「心之所同然者，何也？謂理也，義也。聖人先得我心之所同然耳，故理義之悅我心，猶芻豢之悅我口。」「說諸心」為兌卦的境界，「君子以朋友講習」，法喜充滿，學而時習之，不亦悅乎！

「能研諸侯之慮」，明顯有衍文。以行文對仗考量，「侯之」二字為衍，原文應為「能研諸慮」，如此文意非常清楚。「說諸心」之後，就得進一步研究考慮該怎麼做，所以下文為「定天下之吉凶，成天下之亹亹者」。此二句已見於〈繫辭上傳〉第十一章，其前文為「探賾索隱，鉤深致遠」，後文以「莫大乎蓍龜」的讚嘆作結。「賾」是複雜幽深，「亹亹」為奮發勤勉之狀。人生行事，一旦看清了形勢，必然深思熟慮，決定對策，付諸行動，吉凶成敗便依此而定。

問題是：「侯之」二字，因何而衍呢？錯誤也該有致錯的邏輯，而「侯之」之衍不易說得通。

另一種改法有沒有可能：原文為「能研諸侯」，「之慮」二字為旁注竄入本文。「諸」為「之乎」連音，「侯」通「候」，農曆中的七十二候，每五天的氣候、地貌、動植物生態，均有差異變化。人的工作、生活，也應隨周遭環境的變化而做調整。「候」有徵候、時候、氣候、火候、等候之意，當然要刻意留心，好好研究。屯卦（䷂）「利建侯」、豫卦（䷏）「利建侯行師」、比卦（䷇）「建萬國親諸侯」、晉卦（䷢）「康侯用錫馬蕃庶，晝日三接」，乃至漸卦（䷴）的候鳥鴻雁，群行以序，往來以時，皆與研候、占候有關。「諸」字也有眾多之意，「說諸心」，眾人皆有會心，「研諸侯」，共同研判各種徵候，而形成集體綜合的判斷。這種改法合情合理，可能意境更高一籌。

無論是「研諸慮」或「研諸侯」，加上「說諸心」，都是對人生險阻的警惕及反應，而之所以能趨吉避凶，仍歸功於乾易坤簡的大能。〈繫辭上傳〉第十章有云：「夫《易》，聖人之所以極深而研幾也。唯深也，故能通天下之志；唯幾也，故能成天下之務。」十一章亦稱：「是故，聖人以通天下之志，以定天下之業，以斷天下之疑。」和本段所闡發的義理完全相通。

參贊化育

〈繫辭上傳〉的相關論述，結尾總不免歸之於卜筮，並極力稱揚其慎謀能斷的神妙功能。本章也不例外，往下以「是故」二字轉接，一連八句四言，給《易經》之為用下達結論，仔細品讀，精義無窮。

「變化云為」，自然及人為環境的變動下，當事者該怎麼說、怎麼做？「吉事有祥」，「吉」字可能有誤，有人說應為「言」字，形似而致誤。「言事有祥」，「言」即「云」、「事」即「為」，「祥」為「徵兆」，任何言辭和事情若細心體察，都有跡可尋，依此預測可早做準備。下文云「象事知器，占事知來」，實即制器尚象和占卜預測之事，在〈繫辭上傳〉數章中，及〈繫辭下傳〉第二章，已有充分陳述。〈繫辭上傳〉第十章曾稱：「易有聖人之道四焉：以言者尚其辭，以動者尚其變，以制器者尚其象，以卜筮者尚其占。」言、動、象、占的分類，和本章「言事有祥」、「象事知器」、「占事知來」的說法如出一轍。

如果依原文為「吉事有祥」，好事情都有先兆，應該也包括壞事亦有惡兆；提吉不言凶，屬於積極面的思考。只要看出敗壞的趨勢，早做化解防範，逢凶變吉，遇難成祥，自亦可能。〈繫辭下傳〉第五章，載述孔子對豫卦六二的評述：「知幾其神乎！……幾者動之微，吉之先見者也。君子見幾而作，不俟終日。」稱「吉之先見」為「幾」，而不言凶，與此類似。

「祥」字一般解為福善，若統言之則災亦稱作祥，且有事前徵兆之意。《中庸》有云：「至誠之道，可以前知。國家將興，必有禎祥；國家將亡，必有妖孽。見乎蓍龜，動乎四體。禍福將至，善，必先知之；不善，必先知之。故至誠如神。」這是最有名的一段論述，《中庸》與大《易》相表裡，真是處處可見。「祥」有時又為「詳」字之假借，有詳細審察之義。履卦（䷉）敦篤實踐，上九爻辭稱：「視履考祥，其旋元吉。」回頭檢驗一生的得失禍福、善與不善，務期全盤審視，真實面對，必可啟迪後人。上九爻變成兌卦，朋友講習，不亦悅乎！大壯卦血氣方剛，難以「非禮弗履」，上六「羝羊觸藩」，陷入進退兩難之境，〈小象傳〉亦云：「不詳也。」年輕慮事不夠周詳，罹此災咎，得速謀補救才有生機。大壯卦有大兌之象，兌為羊，羝羊、喪羊、不詳、考祥，皆與羊的意象有關。

「天地設位」，自然環境究竟因何而生，又如何形成現今的風貌，已很難完全追溯。反正既已如此，我們就要順勢開發利用，盡己之性、盡人之性、盡物之性，以造就最理想的人間世界，這就是「聖人成能」。在參贊化育的過程中，除了當代人須貢獻智慧外，還要參考運用古人的經驗與睿智。「鬼謀」一詞用得精彩，人之所以為萬物之靈，即在肉身殞滅後，仍能以心智的力量繼續發揮無遠弗屆的影響。二帝三王、諸子百家是「鬼謀」，整部《易經》是「鬼謀」，東方文化、西方文化的精粹思想全是「鬼謀」。大畜卦（䷙）〈大象傳〉稱：「君子以多識前言往行，以畜其德。」正是「人謀鬼謀」的完美體現。

所有這些精思實踐的盛德大業，皆為全人類謀福，並不限於大思想家和大行動家，而是開放給所有人積極參與的，這就是「百姓與能」。〈繫辭上傳〉第五章：「百姓日用而不知。」第十一章：「吉凶與民同患……利用出入，民咸用之謂之神。」十二章：「推而行之謂之通，舉而措之天下之民謂之事業。」聖人成能，百姓與能，〈禮運大同篇〉所謂：「貨惡其棄於地也，不必藏於己；力惡其不出於身也，不必為己。」多美好和諧的人間世界！

「與」字有朋類相親、共舉分享、互助合作之義，〈易傳〉中極重視此字，處處宣揚強調。咸卦（䷞）〈彖傳〉稱：「二氣感應以相與。」少男少女相慕，遂成此有情世界。艮卦（䷳）〈彖傳〉則云：「上下敵應，不相與也。」人生偏多險阻。前面說「大畜」是人謀鬼謀的體現，其綜卦无妄卦（䷘），則正好落實了「聖人成能」、「百姓與能」的理想，其〈大象傳〉稱：「天下雷行，物與无妄，先王以茂對時，育萬物。」

本章前段由「易簡以知險阻」起論，經「能說諸心」、「能研諸侯」，至「聖人成能」、「百姓與能」，敘理層次井然，恰恰印證了〈繫辭上傳〉首章的宗旨：「乾以易知，坤以簡能」，易簡而天下之理得，而成位乎其中矣！」

「天地設位」，既稱「設」，就表示尚未完全確定，還有人力參贊造化的空間，這和〈說卦傳〉天地定位的說法，意境大不同。〈繫辭傳〉作者的見識甚高，極可能就是師承孔子的理念。〈繫辭上傳〉第七章亦云：「天地設位，而易行乎其中。」該章前面，即以「子曰：『易其至矣乎』」起論。

順性純情

人生險阻既由情欲而生，本章後段便扣準人情立論，以落實因情悟性、順性純情的易簡法門。「八卦以象告」，乾（☰）、坎（☵）、艮（☶）、震（☳）、巽（☴）、離（☲）、坤（☷）、兌（☱），各具自然之象，交織成六十四卦、三百八十四爻之後，呈現出形形色色、錯綜複雜的事理人情。同卦中陰爻、陽爻交雜分佈，依據其剛柔互動的情狀，便可推斷出吉凶禍福的結果。〈繫辭下傳〉後幾章屢言「雜」字，雜而不越、雜而不厭、六爻相雜、雜物撰德、物相雜，以及本段的「剛柔雜居」。「雜」即不純不一，繁複難理，而本章以易簡立宗，無私無我，足可化繁為簡，以簡馭繁。

「變動以利言」，一語道破人事變化之因。人是趨時逐利而動的，如果不利，是判斷錯誤，絕不會故意違利而行。《孫子兵法・軍爭篇》有云：「兵以詐立，以利動，以分合為變者也。」〈火攻篇〉亦稱：「非利不動……合于利而動，不合于利而止。」坦白乾脆，沒有半點虛矯。《易經》處處言「利」，「元亨利貞」為天則，「利」居其一，「利有攸往」、「利涉大川」、「利見大人」、「不利為寇，利禦寇」、「无不利」、「无攸利」、「利西南不利東北」……無論情境怎麼變，「利」字永遠是最基本的考量。

「吉凶以情遷」，直指人情為得失成敗的根源，喜怒哀懼愛惡欲，無時無刻不左右著人生的種種決定，情一旦有了變化，吉凶禍福往往也跟著逆轉。愛之欲其生，惡之欲其死，確為人之常情；愛而知其惡，惡而知其美，實乃聖賢高標。

《易》中論情之卦，莫過於咸（䷞）、恒（䷟）、萃（䷬）、兌（䷹），前三卦的〈彖傳〉末皆稱「天地萬物之情可見」。咸、恒為下經之首，啟動人間世的一切變化，由幕少艾到白首偕老，感情正常而穩定。萃卦之前為姤卦（䷫），之後為升卦（䷭），激情濃烈而動盪，充滿了顛覆性和夢幻泡影的氛圍。咸、萃二卦之外卦皆為兌卦，兩情相悅，自然流露，情之所繫，可忘勞忘死。此四大情卦，卦辭皆有亨利貞，獨欠元德，與蒙卦同級。換言之，感情易蒙蔽理智，而影響到生命的原創性。

大壯卦（䷡）二陰四陽，有大兌之象，〈彖傳〉亦稱「天地之情可見」。卦辭僅言「利貞」，「元亨」二字皆不見。〈大象傳〉云：「非禮弗履。」〈雜卦傳〉稱「大壯則止」，全是戒慎之辭。咸卦二至上爻、恒卦初至五爻、萃卦三至上爻、兌卦三至上爻，所組成的互卦皆為大過卦（䷛）。「大過」為非常情色、充滿顛倒夢想之卦，偶一不慎，即致傾覆。

以上所稱的情卦，卦辭尚稱「亨利貞」，整體說來還相當不錯。然而，一旦進入六爻的內部世界，爻辭幾無一善者，盡是凶悔吝厲之辭，哭哭笑笑、擔驚受怕、長吁短嘆，情懷動盪不止。可見人情互動起來，很難自全，絕不像外觀上那樣花好月圓。

在情、利二字當頭的影響下，往下以「是故」導出的感慨或結論，就不那麼令人意外了。「愛惡相攻而吉凶生，遠近相取而悔吝生，情偽相感而利害生」，真是吉凶悔吝生乎動，動則得咎。難怪萃卦精英相聚，驚才絕艷，六爻爻辭卻只求「无咎」。艮卦看破世情，老僧入定，「不獲其身」，「不見其人」，終獲「无咎」。

「愛惡相攻」是主觀情緒，「遠近相取」為時空距離，「情偽相感」則根本質疑情感的真誠。人生往往為了一時激情相互攻取，弄得遍體鱗傷，結果時過情遷，又覺如幻如化。愛惡的殺傷力大，塵埃落定後生出吉凶。遠近格於形勢，爭取的過程中有了悔吝。若虛情假意，自欺欺人，則還會引發無窮的禍害。

同人卦（䷌）五陽一陰，六二為眾所覬覦，競相爭取。九五與之中正相應，本為絕配；九三與之鄰近，頗思橫刀奪愛；九四夾處其間，也想佔此便宜。結果一場緊張而不精彩的風波過後，勾心鬥角，各自收兵。九四爻辭稱「弗克攻」；九三「伏戎于莽，……三歲不興」；九五「大師克相遇」。此即典型的愛惡相攻，遠近相取。

姤卦（䷫）亦五陽一陰，初六「羸豕孚蹢躅」，野性情欲飢渴難耐。九二近水樓台「包有魚」，九四相距過遠「包无魚」，九三夾處其間，坐立難安，進退失宜，又是一場驚心動魄的生死相爭。

隨卦（䷐）長男隨少女，動而悅，隨和親近。九五爻辭云：「孚于嘉，吉。」「孚」為至誠愛信，「嘉」為雙方歡喜，真情摯意而致吉。兌卦九五受上六誘引，情欲失正，爻辭云：「孚于剝，有厲。」爻變成歸妹卦，「征凶，无攸利」。「孚于嘉」是「以情相感而生利」；「孚于剝」為「以偽相感而生害」。

「凡易之情」，平凡平易之情，亦即人之常情，不唱高調，不講超凡入聖之情，這種務實的態度很值得注意。「近而不相得」，朝夕相處卻不投契，難以相得益彰，反添無限痛苦，當然「凶」；甚至還可能互相迫害，又增悔吝。人情因愛生恨的可怕，益卦（䷩）上九講得很清楚：「莫益之，或擊之。立心勿恒，凶。」

睽卦（䷥）二女同居，其志不同行，一家人搞得同床異夢，甚至反目成仇。革卦（䷰）二女同居，其志不相得，忍讓不了遂激發劇變。山澤通氣為咸，少男少女相互吸引；雷風相薄為恒，長男長女日起勃谿。二多譽、五多功，飛龍躍龍竟成死敵。茫茫塵世，人情確實如此，有志君子能不省思?!

〈繫辭傳〉二十四章，至此已可畫上句號，融會貫通，精思力踐，可俟後之賢者。最末六句應屬錯簡，若非不倫不類，也是畫蛇添足。

「將叛者其辭慚」，心懷異志者說話會不好意思。「中心疑者其辭枝」，信念不堅定，講話就枝蔓歧出，欠缺要點。「吉人之辭寡」，吉人自有天相，天何言哉？四時行焉，百物生焉，為政為道皆不在多言。「躁人之辭多」，飛揚浮躁，言多必失。「誣善之人其辭游」，誣賴好人，惡意抹黑者缺乏證據，言辭必定閃爍游移。「失其守者其辭屈」，理不直氣不壯，自然難以服眾。

這些都是人心險惡，人情詭詐，由內而見諸外的一些徵兆，和本章知險阻、通人情的主旨，並不相違。若要防範上述愛惡相攻、情偽相感所致的禍害，這些用世功夫都得修煉。〈繫辭上傳〉末章稱「鼓天下之動者存乎辭」，且以「默而成之，不言而信，存乎德行」作結。〈繫辭下傳〉首章又云：「聖人之情見乎辭。」本段文字皆可與之呼應。

《孟子・公孫丑篇》：「『何謂知言？』曰：『詖辭知其所蔽，淫辭知其所陷，邪辭知其所離，遁辭知其所窮。生於其心，害於其政；發於其政，害於其事。聖人復起，必從吾言矣！』」整段義理，大可與本章相參。

劉君祖易經世界10

易經繫辭傳
易經之歌

作　者：劉君祖
責任編輯：李濰美
封面設計：張士勇
文字校對：陳錦生、楊菁、鄧美玲、劉君祖
法律顧問：董安丹律師、顧慕堯律師
出　版：大塊文化出版股份有限公司
地　址：台北市105022南京東路四段二十五號十一樓
網　址：www.locuspublishing.com
讀者服務專線：0800-006689
電　話：(02) 87123898　傳真：(02) 87123897
郵撥帳號：18955675　戶名：大塊文化出版股份有限公司
總 經 銷：大和書報圖書股份有限公司
地　址：新北市新莊區五工五路2號
電　話：(02) 89902588（代表號）　傳真：(02) 22901658
初版一刷：二〇一五年十一月
初版八刷：二〇二四年五月
ISBN 978-986-213-656-0
定　價：新台幣三二〇元
Printed in Taiwan

易經之歌：易經繫辭傳 / 劉君祖著. -- 初版.
-- 臺北市：大塊文化, 2015.11
面；　公分. --（劉君祖易經世界；10）

ISBN 978-986-213-656-0（平裝）

1. 易經　2. 研究

121.17　　104020592